# El Otro Imperio Cristiano

## De la Orden del Temple a la Francmasonería

Eduardo R. Callaey



**Primer volumen de la Tetralogía masónica,**
***El Factor Masónico: la historia paralela***

nowtilus

**Colección:** Historia Incógnita
www.nowtilus.com

**Título:** *El Otro Imperio Cristiano*
**Subtítulo:** *De la Orden del Temple a la Francmasonería*
**Primer volumen de la Tetralogía masónica,**
***El Factor Masónico: la historia paralela***
**Autor:** Eduardo R. Callaey


Doña Juana I de Castilla, 44, 3.° C, 28027-Madrid
www.nowtilus.com

**Editor:** Santos Rodríguez
**Responsable editorial:** Teresa Escarpenter

**Diseño y realización de cubiertas:** Carlos Peydró
**Diseño y realización de interiores:** Grupo ROS
**Producción:** Grupo ROS (www.rosmultimedia.com)



**ISBN:** 84-9763-243-5
**EAN:** 978-849763243-0
**Fecha:** Octubre 2005

Printed in Spain
**Imprime:** Imprenta Fareso
**Depósito Legal:** M. 38.727-2005

# Índice

# Prólogo

## Sergio Héctor Nunes

### Gran Maestre de la Gran Logia de la Argentina de Libres y Aceptados Masones

El autor de esta obra me ha conferido un alto honor al solicitarme que la prologue.

Al recibir el encargo, pensé que cualquier especialista con un mínimo de dialéctica podría abordar esta tarea como una suerte de compromiso y que, seguramente, saldría airoso de la encomienda adoptando los consabidos lugares comunes que muchas veces se utilizan en estos casos.

Sin embargo, desde un principio, la temática del libro de Eduardo Callaey nos advierte que estamos ante algo distinto: Una obra didáctica, que en sucesivos capítulos nos narra —con calidad expositiva— la historia de personajes conocidos por sus nombres, pero de los cuales muchos ignoran las razones por las que se destacaron.

Esta descripción histórica de proporciones es una especie de introducción a la tesis expuesta en la segunda parte de la obra, en la cual se abordan temas relativos a la masonería especulativa y su influencia en hechos históricos fundamentales.

El siglo XVIII es, en sí mismo, una epopeya romántica en la que el hombre se despedía —no sin nostalgia y temor— de una era signada por las instituciones feudales, mientras que se preparaba para el advenimiento de un nuevo mundo con esperanzas de igualdad, tolerancia y progreso.

La Masonería fue entonces una herramienta, un taller para las ideas y un faro que brilló en medio de la desazón y la desesperanza que producen los grandes cambios sociales. Desentrañar el verdadero rol de la Masonería en ésta y en otras etapas de la historia, sigue siendo un desafío reservado a los que están dispuestos a un esfuerzo muy particular.

Desde hace años, el autor trabaja afanosamente en las infinitas nervaduras de una historia que todavía no ha sido lo suficientemente investigada y expuesta a la luz. Sus trabajos, no siempre coincidentes con la historiografía ortodoxa, han introducido elementos importantes al debate, constituyendo una nueva visión del modelo masónico que modifica radicalmente la del siglo XIX.

A diferencia de sus anteriores obras sobre los orígenes cristianos de la francmasonería —cuyo eje se centraba en la masonería operativa medieval— El *otro Imperio Cristiano* aborda sucesos más cercanos en el tiempo, acaecidos luego de la formación de la Gran Logia de Londres, en 1717, que marca el inicio de la historia moderna de la Orden.

Según Callaey, en aquellas épocas fundacionales, el movimiento estuardista –que pugnaba por restaurar en el trono de Inglaterra a la depuesta dinastía católica de los Estuardo— conformó una concepción propia de la Masonería que se desarrolló particularmente en Francia, introduciendo el sistema de los denominados «Grados Filosóficos» que, en distintas formas y estructuras, han llegado hasta nuestros días.

Fue en el marco de esta masonería —con fuerte sesgo cristiano— que se produjo la restauración de antiguos modelos templarios cuyo análisis conforma el objeto central de esta obra.

Con un espíritu absolutamente ecuménico, se expone en el «Epílogo» una visión histórica en línea con aquello que el Dr. Töhtöm Nagy denominó «*Un odio menos*», en la hasta ahora insuperada semblanza plasmada en su obra clásica «*Jesuitas y Masones*».

En las últimas décadas, ha crecido de manera notable el interés del público en la Masonería. Esta realidad torna aún más necesaria la publicación de trabajos como el que aquí presentamos, en donde los hechos han de ser respaldados con documentación sólida y la investigación profesional.

Es cierto que, acorde con los cambios que imponen los nuevos tiempos, la Masonería ha profundizado el proceso de apertura hacia la sociedad. Sin embargo, «El Pórtico» ha sido apenas entreabierto, y los templos permanecen a cubierto; porque así ha sido y así será. Y porque la eficacia de la acción masónica proviene de la prudencia, la serenidad y la elevación de las conciencias. Condiciones únicamente posibles en el escenario iniciático de las logias.

Al ingresar en el sinuoso campo de los posibles vínculos entre la Orden del Temple y la Francmasonería Estuardista, la obra de Callaey reedita una de las páginas más complejas y controvertidas de la historia masónica. Pero, a su vez, pone al descubierto el importante rol de los masones en una etapa crucial de la historia de Europa, reafirmando que la masonería ha centrado su actividad en torno a la articulación social de un hombre con conciencia histórica.

George Sarton afirmaba que el deber de un humanista no es meramente estudiar el pasado de una manera pasiva y tímida, sino que debe necesariamente contemplarlo desde la cúspide de la ciencia moderna, con la totalidad de la experiencia humana a su disposición, y un corazón lleno de esperanza.

Por todo lo expuesto, auguro a este trabajo un éxito editorial acorde con sus valores y su contenido. Los estudiosos de diversas disciplinas podrán encontrar en las fuentes que nos presenta Callaey un elemento de consulta para otras valiosas realizaciones. En tanto que, el lector sagaz, encontrará un relato sumamente adecuado y pedagógicamente correcto sobre temas a los cuales muchos se refieren y pocos entienden.

Considero que esta realización es fundamental para consolidar el prestigio de un historiador que, seguramente, está persuadido que ha escrito una obra consagratoria, que no admite síntesis, que es fruto de una inusual maduración de conocimientos y que lo define, no sólo como especialista, sino como consultor obligado en todo lo referente a la historia masónica medieval.

Sergio Héctor Nunes

# Presentación

La eterna conspiración.

Como si la realidad no alcanzara para comprender cómo y por qué suceden las cosas, periódicamente el mundo vuelve su mirada al terreno fascinante de las conspiraciones. Cada tanto buscamos en los pliegues ocultos de la sociedad un indicio, una huella, uno de aquellos hilos que el Gran Titiritero utiliza para controlar la historia. ¿Es acaso una manía del hombre sospechar que el destino de las naciones se urde en las sombras?

Desde los días en que vivíamos en condiciones tribales nuestras sociedades desarrollaron un culto del misterio y del secreto; de un saber reservado a los «mayores», los adultos, el consejo de ancianos, los sacerdotes y brujos, los que poseían el verdadero significado de la existencia y sabían hacia donde se dirigían los acontecimiento. De esta forma controlaban el destino y por eso eran temidos y respetados.

Así nacieron las cofradías, las órdenes y las sociedades secretas. Se desarrollaron las «iniciaciones» y los «ritos de pasaje» mediante los cuales el aspirante debía demostrar su capacidad y su mérito para integrar el estrecho círculo de los iniciados. Podría decirse que esta «sensación» persistente de que alguien controla y conspira detrás de la trama social proviene de aquel modelo atávico que permanece vivo en algún punto de nuestro inconsciente.

Este libro trata acerca de algunas de estas organizaciones a las que el público presta particular atención en virtud del secreto y el misterio que las envuelve: La Orden de los Caballeros Templarios y la Orden Masónica.

Templarios y masones han sido frecuentemente vinculados por numerosos autores en un variado arco que va desde los ensayos más académicos hasta las novelas más inverosímiles. Es común hallar en los libros de historia del Temple referencias al mito de su supervivencia en la francmasonería. Contrariamente es difícil encontrar un rito masónico que en sus grados superiores no haga algún tipo de referencia a la Orden de los Caballeros Templarios.

De hecho mi interés por la francmasonería fue consecuencia de la avidez por los templarios, algo que comenzó muy tempranamente a raíz de mi inclinación por las novelas de caballería y por la historia del medioevo. Cuando fui iniciado en la francmasonería en 1989 estaba convencido que ingresaba a una orden heredera del Temple; pero pronto comprendí que los masones no estaban en un todo de acuerdo en este y en muchos otros puntos.

Sin embargo, muchos de los que negaban dicha relación no sabían cómo explicar, por ejemplo, el hecho de que una sociedad que pretende perpetuar la tradición de los antiguos albañiles utilizara en sus ritos espadas, guantes, paramentos propios de la caballería y un sinfín de símbolos y términos provenientes de las órdenes religiosas surgidas en la Edad Media.

Durante muchos años me dediqué a indagar acerca de los orígenes religiosos de la francmasonería. Pero, al igual que quien navega paralelo a la costa no la pierde de vista, a lo largo de mi travesía a través de los orígenes monásticos de la antigua masonería percibía una y otra vez la cercanía del Temple; un lenguaje, una atmósfera y una simbología esencialmente similar.

No tardé en comprender que ambas órdenes habían nacido de un tronco común y eran hijas de un mismo y vasto proyecto que dejó una profunda huella en la génesis de la Civilización Europea. Este libro es el resultado de todos estos años de búsqueda.

Numerosas personas me aportaron datos, me apoyaron en la búsqueda de fuentes y me incentivaron a seguir investigando pese a la reticencia que aún existe en algunos círculos masónicos en cuanto a reconocer las raíces cristianas de la Orden más combatida por los pontífices romanos.

Debo agradecer particularmente a María Elena Rodríguez, Jefa del archivo de la Gran Logia de la Argentina por su tenaz y desinteresada colaboración con mi trabajo. Una copiosa bibliografía francesa sobre los orígenes de la masonería templaria estuardista fue compulsada por ella durante los últimos años y sus notas constituyeron una herramienta invalorable en mi investigación. Al igual que en mis anteriores trabajos, Daniel Alberto Kiceleff fue mi principal apoyo en la búsqueda de fuentes medievales; una ímproba tarea cuando debe realizarse lejos de los grandes centros culturales de Europa. Deseo agradecer también a Jorge Ferro, investigador científico y masonólogo del CONICET y al Dr. José A. Ferrer Benimeli del Instituto de Estudios de la Masonería Española. Sus trabajos siguen constituyendo uno de los más valiosos aportes a la masonología.

Finalmente, quiero expresar mi agradecimiento al Sr. Santos Rodríguez, editor de Nowtilus, por su cercanía, sus opiniones y sugerencias, el particular interés en el mejor desarrollo de la obra y el permanente apoyo que recibí durante el tiempo que demandó la redacción de este libro.

Eduardo R. Callaey

# Capítulo I

# El enigma sin fin

## 1. La alianza inaudita: Benedictinos, Templarios y Masones

Cuando buscamos una definición acerca de la francmasonería, nos encontramos a menudo con un concepto de carácter más o menos universal en el que cualquier masón se reconoce: «*La francmasonería es una institución filosófica, educativa, filantrópica e iniciática*».

Si tomamos sólo los tres primeros puntos de esta definición, veremos que coinciden con el objetivo y actividad de numerosas organizaciones que actúan o han actuado en la sociedad. Sin embargo, el último punto, su carácter de sociedad «*iniciática*», es lo que torna a la Orden Masónica diferente de cualquier otra institución.

Esta capacidad de conferir la iniciación, sumada a que la educación del afiliado está concebida como un sistema gradual de perfeccionamiento de la personalidad humana, usando como método característico «*el simbolismo*», confiere a la Orden la esencia de su naturaleza y la capacidad de haber sobrevivido a los dogmas y las ideologías. Los francmasones se sirven de los símbolos a modo de figuras alegóricas para transmitir conocimientos y asegurar la continuidad de sus enseñanzas.

«*Los francmasones utilizan símbolos para comunicar* —dice Jean Mourgues— *convencidos de que la lengua es siempre excesivamente particularista y de que sólo los símbolos pueden ampliar la comunicación hasta lo universal»*. Cualquier documento masónico moderno que intente describir los métodos con que la francmasonería transmite su doctrina, incluye una definición similar a esta.

Desde tiempos lejanos, cuyo origen no ha sido jamás precisado, la masonería desarrolló un lenguaje simbólico. La mayoría de los símbolos que conforman este lenguaje provienen de la arquitectura sagrada. Se difundieron a lo largo de Europa durante la Edad Media junto con la actividad de las guildas de constructores de grandes catedrales y abadías. Es común encontrar en la iconografía medieval imágenes de Dios sosteniendo en sus manos los instrumentos del Arte —generalmente un compás— con los que traza los planos de la creación del mundo. La arquitectura se consideraba, por lo tanto, como una continuación terrestre del poder divino. Quien erigía un templo desarrollaba un oficio vinculado con el propio Creador.

*Los francmasones se sirven de los símbolos a modo de figuras alegóricas para transmitir conocimientos y asegurar la continuidad de sus enseñanzas. En esta imagen un grupo de masones estudia un «Cuadro de Dibujos» con los símbolos de su grado. En la parte superior izquierda se ve el Delta Sagrado que representa al Gran Arquitecto del Universo. Se lee: «La luz brilla en las tinieblas y las tinieblas no la comprendieron...» Evangelio de San Juan, 1:5. (Grabado alemán de 1750, Viena).*

Sin embargo, muchos de estos símbolos aparecen en épocas aun más remotas, desde las ruinas de Pompeya hasta los confines del Mediterráneo Oriental. La relación del símbolo con la masonería es tan estrecha que cualquier masón medianamente instruido sería capaz de encontrar las huellas de sus hermanos en cualquier ámbito en que estos se hayan desempeñado.

A partir del siglo XVII estas corporaciones de constructores comenzaron a admitir en su seno a hombres ajenos al «*oficio*». Se los llamó «*masones aceptados*». Por la misma época, la francmasonería comenzó a desarrollar temas provenientes de algunas corrientes místicas y mágicas surgidas en el Renacimiento, tales como la Cábala judía, la Alquimia y el cuerpo de doctrina denominado Hermetismo. Pero sin lugar a dudas, la corriente esotérica que más impactó en la francmasonería fue la de los rosacruces. Muchos autores creen firmemente que las ideas rosacruces transplantadas a Inglaterra en el siglo XVII fueron el verdadero origen de la masonería «especulativa», es decir, la conformada por masones «*aceptados*».

A diferencia de la francmasonería, la Orden del Temple tiene un origen cierto y una historia ampliamente documentada. Nacida como consecuencia de la primera peregrinación armada a Tierra Santa, fue creada por un grupo de nueve caballeros provenientes en su mayoría de Champagna, liderados por Hugo de Payens, cuyo objetivo inicial fue el de amparar y proteger a los peregrinos.

En el año 1118 el rey Balduino II cedió parte del «*Templum Salomonis*» a la naciente orden militar cuyos caballeros fueron llamados, por ese motivo, con el nombre de «*Caballeros Templarios*». Apenas pocos años después ya se contaban en número de 300 y gozaban de grandes privilegios concedidos por el monarca.

En un principio, su organización fue similar a la del clero regular. Observaban votos de pobreza, castidad y obediencia y se encontraban sometidos a la autoridad del Patriarca de Jerusalén. En 1128, con el apoyo de San Bernardo, el líder más carismático e influyente de toda la cristiandad, el Concilio de Troyes aprobó su regla y la orden quedó establecida en su doble condición de monástica y militar.

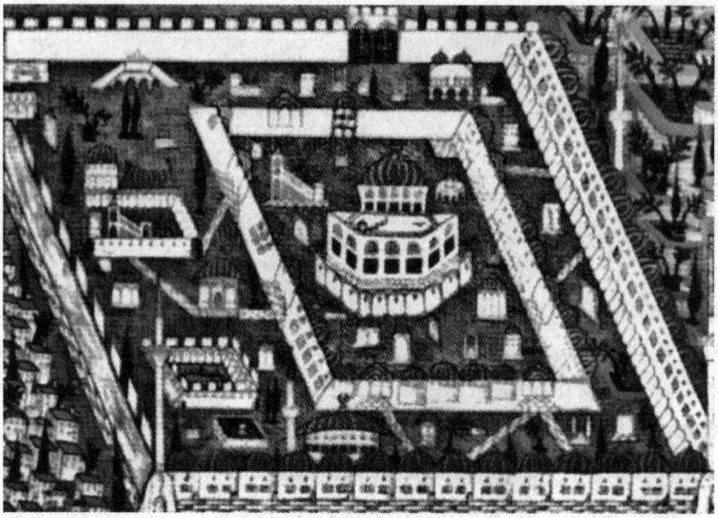

*En las caballerizas del antiguo Templo de Salomón —sobre el que los musulmanes establecieron la Mezquita de Al Aqsa— los Caballeros Templarios emplazaron su cuartel general en 1118. De allí tomaron su nombre, convirtiéndolo en su símbolo máximo. (Dibujo en papel del Muraqqa Album).*

En los siguientes dos siglos la fama de sus guerreros, su capacidad de organización, su poderío económico y su particular petulancia la convirtieron en la más admirada y odiada milicia de todo el mundo cristiano. Poseían preceptorías y encomiendas en toda Europa; participaban activamente en la reconquista de España y acumulaban tal riqueza que pronto les permitió crear un sistema de letras de cambio, precursor de la banca privada.

Con la caída de Jerusalén se replegaron a sus castillos sobre la costa Palestina. Luego debieron abandonar Tierra Santa y se constituyeron en la Isla de Chipre. Pero a principios del siglo XIV fueron acusados de herejía y prácticas infamantes. En Francia, sus jefes fueron encarcelados, torturados y quemados en la hoguera. El viernes 13 de octubre de 1307 todos los templarios de Francia fueron apresados y encarcelados. Siete años después, el 18 de marzo de 1314, su último Gran Maestre, Jacques de Molay junto a Godofredo de Charney fueron quemados por herejes relapsos en la ribera del Sena.

*El viernes 13 de octubre de 1307 todos los templarios de Francia fueron apresados y encarcelados. Siete años después, el 18 de marzo de 1314, su último Gran Maestre, Jacques de Molay junto a Godofredo de Charney fueron quemados por herejes relapsos en la ribera del Sena. (Jaques de Molay, en un grabado de Ghevauchet del siglo XIX).*

Desde hace siglos los masones se proclaman herederos del Temple. ¿Qué hay de cierto en esto? ¿Pudo acaso la tradición templaria sobrevivir oculta en las logias masónicas? La primera respuesta hay que buscarla en la propia francmasonería.

La tradición masónica abunda en referencias a los cruzados y a los templarios, lo cual resulta lógico si se tiene en cuenta que el eje de la tradición masónica gira alrededor de la construcción del Templo de Salomón. En efecto, los grados de «*Aprendiz Masón*» y «*Compañero Masón*» son preparatorios del de «*Maestro*», grado en el que el masón alcanza su plenitud y se acerca a la leyenda de Hiram Abí, el hábil fundidor fenicio convocado por el rey Salomón para que construyera su famoso Templo. Podemos encontrar referencias a la construcción del Templo de Jerusalén en muchos de los grados y ritos de la francmasonería.

Esta tradición parece tener su origen en las antiguas logias benedictinas organizadas por los monjes cluniacenses a partir de interpretaciones alegóricas que hicieron los antiguos Padres de la Iglesia en torno al Templo de Salomón; alegorías que luego recreó el historiador inglés Beda, apodado «*el Venerable*» (673 - 735) en su obra «*De Templo Salomonis Liber*» escrita en Inglaterra en el siglo VIII. Este libro —curiosamente ignorado por la mayoría de los masones modernos— contiene casi toda la «*base simbólica*» sobre la que descansa la doctrina masónica.

Con posterioridad, estas interpretaciones alegóricas en torno al Templo de Salomón se expandieron por el Imperio Carolingio merced a la pluma de Alcuino de York (735-804), Rabano Mauro (776-856), Walafrid Strabón (808-849) y otros grandes abades del movimiento monástico benedictino.

Ya en el siglo XI, los cluniacenses habían establecido reglamentos y constituciones para sus logias de constructores de iglesias y catedrales, incorporando laicos a los que denominaban «*hermanos conversos*» y utilizaban como mano de obra calificada.

Tomando en consideración que la época a la que hacemos referencia concitó una serie de acontecimientos religiosos, políticos y militares que modificarían la geografía de Europa y del Cercano Oriente, no debe asombrarnos que las incipientes logias organizadas por los benedictinos hayan tenido amplia participación dentro del vasto cuadro estratégico que parece haber desarrollado esta orden monástica. En consecuencia, el origen de la francmasonería parece fatalmente ligado a los acontecimientos vinculados con las expediciones armadas a Tierra Santa, que luego se conocerían con el nombre de «*cruzadas*». De hecho, y como demostraremos, la Orden de San Benito tuvo activa participación en el fomento de las peregrinaciones a Palestina, en el llamamiento a la liberación de los Santos Lugares y en la construcción de grandes obras en los estados cristianos establecidos en Palestina y Siria.

## 2. La Orden del Temple en los rituales masónicos

En el Rito Escocés Antiguo y Aceptado —constituido por 33 grados y practicado mayoritariamente en los países latinos— los últimos grados de la escala son considerados templarios. Ya en el grado 18 (denominado «*Caballero*» o «*Príncipe Rosacruz*») se hace referencia a la Orden de los Templarios y a Godofredo de Bouillón —líder de uno de los cuatro grandes ejércitos que conformaron la primera cruzada— a quien, con mucha imaginación, se le atribuye la creación de este grado.

En el Rito de York —practicado en Inglaterra, EE.UU. y la mayoría de los países sajones— en la cúspide de la carrera masónica se encuentran los «*Prioratos Templarios*». Ambos ritos —tanto el Escocés Antiguo y Aceptado como el York, también llamado de «*Emulación*», que son los más difundidos en el mundo— incluyen al templarismo en sus altos grados. Otras ramas y ritos de la francmasonería hacen remontar sus orígenes a los Caballeros Templarios, como es el caso de la Orden Real de Heredom-Kilwinning.

Es conocida la leyenda que atribuye el origen de la masonería templaria a la participación de una escuadra de caballeros de aquella orden —refugiados en Escocia— en la famosa batalla de Bannockburn (1314). En ella el líder escocés Robert Bruce derrota a los ejércitos de Eduardo II de Inglaterra, logrando la independencia de su país. Según esta misma leyenda, el monarca escocés les cede, en agradecimiento, la torre de Kilwinning, contigua a la abadía del mismo nombre. Allí los templarios fundarían una nueva orden ligada a la logia masónica que funcionaba en la abadía.

Por lo tanto, a la vista de tan numerosas y variadas reivindicaciones, antes que cualquier otra consideración, debemos tener en cuenta que este vínculo ha sido sostenido, en primer término, por la propia francmasonería.

Otros autores creen que esta relación se estableció recién en el siglo XVIII, época en la que se produjo un intenso interés por los temas templarios. Andreas Beck, se refiere a aquel siglo como el del declive del feudalismo, la incipiente disolución de las estructuras de poder del absolutismo, la ilustración y la ortodoxia, la secularización y el pietismo *«...En estos años de desazón espiritual* —dice Beck— *las cruces de los templarios volvieron a estar de moda como símbolo de una enérgica reunificación ideal...»*.[1]

¿Pudo la masonería apropiarse del modelo templario como plataforma de su expansión en el siglo XVIII? Hay quienes piensan que la introducción del «*templarismo*» en la masonería fue una «operación» digitada por Roma y ejecutada por los jesuitas.

Existe cierto consenso en cuanto a la participación de los jesuitas de Clermont en la tarea de infiltración de las «*ideas templarias*» en la francmasonería, con el fin de introducir en ella elementos del pensamiento cristiano que acercaran a la Iglesia a una institución que comenzaba a representar un serio problema para las políticas seculares de la Corte de Roma. Curiosamente, Clermont, fue el escenario del llamado a la primera cruzada por parte del papa Urbano II, un monje benedictino que profesó sus votos en Cluny. En el siglo XVIII, la ciudad se convertiría en el epicentro de la supuesta conjura jesuita y del resurgimiento templario, al crearse el legendario Capítulo de Clermont, considerado como la base del futuro Rito Escocés Antiguo y Aceptado.

La cuestión de la *«conjura jesuita»* ha sido el argumento predilecto de la masonería anticlerical del siglo XIX —¡y gran parte del XX! — incómoda con el contenido cristiano de sus ritos e incapaz de aceptar las raíces esotéricas de su simbolismo.

En Francia, hasta la Revolución, la francmasonería fue claramente cristiana y sus dirigentes principalmente católicos. Mientras que en Inglaterra la reorganización de la francmasonería estaba en manos de pastores protestantes, en Francia sus jefes eran mayoritariamente católicos y estuardistas.

[1] Beck, Andreas, «El Fin de los Templarios»; (Barcelona, Península, 1996) p. 177.

No puede soslayarse la condición masónica de los últimos reyes de la dinastía católica Estuardo, enfrentada mortalmente con la protestante casa Hannover y no es posible comprender la historia de la francmasonería sin atender adecuadamente a la cuestión de los masones jacobitas, cuya derrota militar —como veremos— selló el destino de la francmasonería moderna.

Muy probablemente, de haber triunfado la causa jacobita no hubiese tenido razón de ser la temprana excomunión de la francmasonería por parte de los pontífices romanos.

Fuesen los jesuitas o los jacobitas, la mayoría de los historiadores coincide en que el punto de partida de esta cuestión —o al menos su irrupción pública— arranca con el famoso «*Discurso*» del caballero escocés Michel de Ramsay, pronunciado en París en 1737. Hay quienes afirman que a partir de Ramsay comenzaron a proliferar en la francmasonería los temas esotéricos, la idea de un conocimiento antiguo y oculto y la existencia de un secreto guardado en el corazón de la «*fraternidad*».

Esta afirmación es inexacta y siempre ha constituido una expresión de deseos de los sectores más agnósticos de la francmasonería, que en el siglo XIX renegaron de sus orígenes judeocristianos y de la espiritualidad masónica medieval. Baste por ahora afirmar que ya un siglo antes de Ramsay, los rosacruces ingleses constituían un nutrido grupo dentro de las logias y que influían fuertemente en la masonería británica aún operativa, es decir, dedicada a su oficio.

Personajes como Robert Fludd (1574-1637) —sindicado como el organizador de la francmasonería rosacruciana en Inglaterra—; sir Francis Bacon (1561-1626) —autor de la utopía masónica de la «*Nueva Atlántida*» — y Elías Ashmole —fundador de la Orden del «*Templo de Salomón*» y recibido francmasón en 1646— son sólo algunos de los muchos rosacruces que introdujeron sus ideas en la francmasonería mucho antes de que los jacobitas constituyeran los «altos grados» en Francia.

El análisis del caso Ashmole es de gran importancia, puesto que se cree que sus escritos tuvieron profundo impacto en la organización moderna de la francmasonería inglesa y habrían sido utilizados por los propios

Anderson y Désaguliers en la confección de los rituales de la Gran Logia de Londres.

¿Pudo ser la Rosa Cruz el origen de la masonería moderna?

En la leyenda rosacruz se habla de un mítico personaje alemán, Christian Rozenkreutz, que luego de aprender el griego, el latín, el hebreo y la magia en una abadía a la que había sido entregado por sus padres, marcha en peregrinación a Palestina a la edad de dieciséis años. La luz del rosacrucianismo al igual que la de la francmasonería proviene de Oriente, precisamente de Oriente Medio.

Actualmente se cree que los más antiguos documentos rosacruces —los manifiestos «*Fama Fraternitatis*» y «*Confessio*» — fueron obra de un gran alquimista y líder luterano, Valentín Andreae, sin embargo esta afirmación no invalida el carácter progresista de tales documentos ni la enorme influencia que tuvieron en los círculos iniciáticos de entonces. Esto prueba que la masonería ya era especulativa en Inglaterra mucho tiempo antes de las constituciones fundacionales de 1723 y que el esoterismo estaba fuertemente consolidado en su seno. Los trabajos realizados por Francis Yates en ese sentido arrojan resultados importantes en torno a esta cuestión.

Si Fludd, Bacon y Ashmole tuvieron semejante influencia en la francmasonería, no ha de sorprendernos que el más profundo esoterismo masónico se encuentre emparentado con el pensamiento mágico y cabalístico, no comprendido como lo que actualmente representa sino como el conjunto de ideas que se desarrollaron en el Renacimiento y que tuvieron entre sus líderes más destacados a Pico de la Mirándola, Cornelio Agripa, Marcilio Ficino y otros renombrados filósofos y pensadores del hermetismo renacentista.

Estos son sólo algunos aspectos de los muchos contenidos en la tradición masónica y en la rosacruciana con relación al vínculo entre la francmasonería, las cruzadas y los Caballeros Templarios. Pero, ¿qué dice la historia?

El análisis objetivo de los documentos a nuestro alcance indica que el movimiento monástico benedictino desarrolló un particular interés en torno al Templo de Salomón, alrededor del cual estableció un sólido conjunto de alegorías. Desde Beda el Venerable en el siglo VIII, hasta los grandes abades de Francia, Alemania y Lorena en los dos siglos siguientes, esta concepción simbólica del Templo se afianzó y expandió. Sólo los templarios y los masones han otorgado características similares al simbolismo del Templo de Salomón. Veamos otras relaciones:

- La orden benedictina se convirtió en los siglos X y XI en la principal promotora de las peregrinaciones a los Santos Lugares de Jerusalén, así como lo había hecho anteriormente con el santuario de Santiago de Compostela en España. Las peregrinaciones a Jerusalén se incrementaron particularmente desde Francia y Lorena, las zonas bajo la influencia de la abadía benedictina de Cluny.
- Del seno de la orden cluniacense surgieron las logias de constructores. Sólo la francmasonería ha conservado los antiguos símbolos, usos y costumbres de las logias benedictinas.
- Dos papas cluniacenses llamaron a una peregrinación armada: Gregorio VII y Urbano II.
- De todos los jefes que integraban el ejército cruzado fue elegido como nuevo monarca del reino cristiano de Jerusalén un lorenés alineado con Cluny: Godofredo de Bouillón, a quien un año después sucede su hermano Balduino.
- La participación de las logias de constructores cluniacenses en las cruzadas está palmariamente demostrada. El intercambio técnico con los arquitectos de Oriente es tan profundo que pocos años después de la reconquista de Jerusalén aparece en Cluny el arco apuntado armenio, traído a Europa por los masones que regresaban de Tierra Santa.
- La regla de la Orden del Temple se atribuye a San Bernardo —el monje que lleva adelante la reforma del Cister— que impregna a la misma de un fuerte espíritu benedictino.

- La Orden del Temple se establece en un terreno ubicado dentro del antiguo Templo de Salomón.

A partir de la expansión de la Orden del Temple, las rutas a los Santos Lugares de Tierra Santa y España, que estaban bajo control cluniacense, pasan a depender de los templarios.

Luego de su abolición, la tradición templaria permaneció activa al menos en Escocia. Así se desprende de algunas evidencias perpetuadas en la piedra y de los testimonios de la propia francmasonería escocesa.

## 3. TRES ÓRDENES Y UN SÓLO OBJETIVO: «EL TEMPLO DE SALOMÓN»

El proceso histórico que enmarca a las cruzadas coincide con el auge de las construcciones románicas y góticas. Razón por la cual podemos afirmar que los benedictinos, los masones laicos adscriptos a los monasterios y los templarios coexistieron en la misma época bajo una regla similar y una organización de tal magnitud que resulta absurdo pensar que no hubiera un espíritu común.

Del mismo modo que la historia de la francmasonería no se completa sin el movimiento cluniacense, la historia del Temple no se resuelve ni se explica sin el movimiento cisterciense. En ambos casos subyace el espíritu benedictino, la influencia de sus poderosos abades y una espiritualidad que excede el claustro para penetrar profundamente en lo secular. No puede evitarse aquí el marco perfecto de la trilogía masónica de *Sabiduría*, *Fuerza* y *Belleza*: Un mundo cristiano en donde las abadías contenían la *sabiduría*, los castillos templarios la *fuerza* y las catedrales la *belleza*. Los tres principios esenciales de la francmasonería que responden a los tres estamentos del orden social medieval.

La historia señala otra infinidad de elementos en torno a estas relaciones, sólo que algunos de ellos se omiten prudentemente y otros deliberadamente. En primer término conviene recordar que más allá de cualquier misión secreta que pudiera asignársele, la historia de la Orden de los Caballeros Templarios es una historia militar, pues su principal objeto fue la defensa de la Tierra Santa recuperada de los musulmanes. Su identificación con el Templo de Salomón nos habla claramente de su rol y de su lugar en la lucha por el control de los lugares santos, a tal punto que su debilidad fue proporcional a su alejamiento geográfico del Ombligo del Mundo.

La cuestión de Jerusalén fue siempre crítica para la cristiandad. Desde que sufrió la pérdida de los lugares Santos a manos del Islam, los ojos del mundo cristiano se posaron sobre el Santo Sepulcro. Para Carlomagno la situación de Palestina fue un motivo de creciente preocupación. Su reconquista se convertiría en una verdadera meta del movimiento benedictino cluniacense. La francmasonería medieval mantuvo el eje de su simbolismo en el Templo de Jerusalén y trasmitió la misma obsesión a la francmasonería moderna. Aunque no resulte políticamente correcto decirlo, la recuperación de Palestina en el siglo XX fue aplaudida por Occidente. Los ejércitos que entraron en Jerusalén el 9 de diciembre de 1917 estaban comandados por un masón: el general Edmund Allemby.

En el contexto de estos hechos históricos ¿cómo sustraerse a la tentación de elucubrar las conspiraciones más insólitas? Observemos algunos elementos: El conjunto de ideas y símbolos contenidos en las leyendas masónicas y rosacruces vinculan a estas órdenes con el Templo de Jerusalén. El simbolismo desarrollado por los benedictinos en torno al mismo Templo sumado a su participación en los peregrinajes a Palestina y las posteriores cruzadas, pareciera ser la inspiración de templarios y masones. La fundación de la Orden de los Caballeros Templarios con su asiento en el propio Templo de Salomón, su historia militar y su dramática supresión están plagadas de preguntas sin respuesta. La supervivencia en la masonería medieval del simbolismo del Templo de Salomón y una supuesta herencia que nos remonta a las cruzadas se basa en elementos que constituyen algo más que una mera presunción del vínculo entre estas órdenes.

La masonería cruzada proclamada por Ramsay —que sería la masonería de la nobleza europea y en particular la jacobita— reivindicaba Jerusalén y a su mítico Templo como la llama viva de la cristiandad. Los esfuerzos por restaurar la Caballería Templaria no parecen justificarse en una gesta romántica.

En ello se empeñaron jefes militares como lord Derwentwater y lord Kilmarnock; monarcas como Francisco Esteban duque de Lorena y corregente del Imperio Absburgo; catorce príncipes reinantes reunidos en la Orden de la Estricta Observancia Templaria —fundada por el barón Hund a instancia de los masones escoceses en el siglo XVIII— y el propio emperador de Prusia.

¿Puede creerse que estos hombres crearan los altos grados masónico-templarios como la nueva diversión de una nobleza decadente?

Por el contrario, y como intentaremos demostrar, constituyeron la elite política de su tiempo y la preocupación de reyes y papas. Algunos murieron en los campos de batalla, otros bajo el hacha del verdugo; fueron exiliados, perseguidos, a veces excomulgados, otras exaltados a la fama y la riqueza o abandonados al destierro, la miseria y el escarnio. Demasiado para constituir sólo un entretenimiento de ricos como lo han sugerido livianamente tantos historiadores. Detrás de estos hombres existe un hilo que puede ser deshilvanado. Un hilo que habla de otro concepto de Imperio Cristiano que nunca tuvo su norte en Roma sino en Jerusalén.

## Capítulo II

# La disputa por Jerusalén

### 1. La paradoja del Santo y el Sultán

Hemos dicho que para comprender el contexto en el que se llevaron a cabo las peregrinaciones armadas a Tierra Santa y la misma fundación de la Orden de los Caballeros Templarios es necesario prestar atención al conflicto que Occidente mantiene con el Islam desde hace catorce siglos. Conflicto —por otra parte— en el que algunos masones han estado involucrados directamente en tiempos recientes.

Comenzaremos nuestro análisis con la narración de un encuentro sucedido entre dos líderes de los tiempos tumultuosos de las cruzadas, cuya vigencia obliga a reflexionar sobre la dimensión y alcance del desencuentro entra la civilización cristiana y la islámica.

En agosto de 1219, Francisco de Asís desembarcó en Egipto a pocos kilómetros de la desembocadura del Nilo. En la víspera, el ejército cristiano de la quinta cruzada —comandada por el cardenal Pelagio y Juan de Brienne, rey sin trono de Jerusalén— había intentado una vez más, y sin éxito, doblegar la fortaleza mameluca de Damieta, en poder del sultán Al Kamil, hijo y heredero del todopoderoso sultán de El Cairo, Al Adil.

Se encontró con el escenario de una inmensa tragedia. El campamento cristiano —o lo que quedaba de él— mostraba las huellas de un sin número de calamidades. Primero, una brutal inundación como consecuencia de la irrupción de la estación de las lluvias; luego la peste y el hostigamiento de los mamelucos. Apenas unas horas atrás, en un nuevo y desesperado intento por vencer aquellas murallas, casi cien de los mejores guerreros de la Orden del Temple y del Hospital habían dejado su vida bajo los pendones desafiantes de Al Kamil.

La noticia de la llegada de Francisco causó una profunda conmoción en el diezmado campamento. La moral de aquellos miles de miserables soldados, aturdidos por la guerra y la peste, no podían recibir un bálsamo mejor: Uno de los hombres más santos de la cristiandad, un icono de la paz y la piedad llegaba al centro de la llaga cruel en la que se consumían musulmanes y cristianos.

Tal era el grado de aquella calamidad que hasta el duque Leopoldo de Austria —uno de los grandes campeones de la cruzada— hastiado de tanta muerte como no había visto en toda su vida, había decidido regresar a Europa con sus tropas, debilitando aún más al ejercito de Pelagio.

Pero este otro hombre venido de Asís no traía consigo refuerzos ni víveres para estas tropas hambrientas. Su aspecto tampoco se diferenciaba mucho del de los sorprendidos cruzados que se apretujaban a su alrededor para escuchar al monje más famoso de la cristiandad.

Francisco no podía comprender esta guerra que ya llevaba más de un siglo y que devoraba lo mejor de ambas culturas. Permítaseme citar aquí una irónica y sombría reflexión del historiador: «Había venido a oriente creyendo, como otras tantas personas buenas e ingenuas habían creído, antes y después de él, que una misión humanitaria podría conducir a la paz»[1].

El primer problema se presentó con el legado papal. El cardenal Pelagio sentía una gran preocupación acerca de cómo podría afectar a su autoridad la presencia de un hombre tan virtuoso y respetado. Pero lo que lo

[1] Runciman, Steven; «*Historia de las Cruzadas*», (Madrid, Revista de Occidente, 1957) vol. II p.156.

dejó estupefacto fue que Francisco le demandara una inmediata autorización para reunirse con Al Kamil.

Los hombres del sultán tampoco estaban muy seguros de la conveniencia de tal petición, pero la mayoría de los historiadores coincide en que finalmente concluyeron en que un hombre tan sencillo, piadoso y extremadamente sucio —por decisión propia— debía estar completamente loco.

El cardenal Pelagio, a su vez, quería continuar su guerra lo antes posible, por lo que decidió despacharlo con embajada y bandera blanca a la corte de Al Kamil lo antes posible. El sultán recibió al monje y lo escuchó atentamente; estaba íntimamente convencido —al igual que su huésped— de que la paz era necesaria, convicción esta de la que daría muestras en el futuro. Pero el principal escollo para esa ansiada paz era Jerusalén.

Al Kamil y Francisco mantuvieron extensas conversaciones. A Francisco le impresionaba que un hombre sabio y refinado como el sultán repudiase, por considerarlo una herejía, al dogma trinitario; mientras que Al Kamil, subyugado por el carisma de su iluminado visitante, lidiaba por tolerar su maloliente suciedad. Cuando las posiciones se tornaron inclaudicables, Francisco propuso al sultán someterse a una ordalía de fuego para demostrar la verdad de Jesucristo. Pero Al Kamil, encantado con su amigo cristiano, se negó a permitir semejante acto de fe, convencido del daño que esto le causaría al monje. Algunos historiadores afirman que la amabilidad del sultán fue la que el Islam impone a sus fieles para con los locos. Otros creen que, a sus ojos, Francisco era una suerte de «derviche» considerado un hombre santo en el mundo musulmán.

El destino y la trascendencia de estos dos hombres —paradójicamente unidos por sus anhelos de paz en medio de un mundo violento— siguió por senderos muy diferentes. Francisco regresó a Italia, predicó hasta su muerte —acaecida en 1226— y fue elevado a los altares en 1228 para ser venerado entre los grandes santos de Occidente. Solo un año después, en 1229, Al Kamil firmaba el tratado de Jaffa con Federico II, comandante de la sexta cruzada, y reconocía por diez años la soberanía de los francos sobre Jerusalén. Esta acción le valió la condena de todo el Islam por traición.

El líder egipcio Anwar el-Sadat sufrió —antes de ser asesinado más de siete siglos después— el escarnio de ser comparado con Al Kamil, cuando selló la paz con Israel. Amin Maalouf en su obra sobre el punto de vista árabe de las cruzadas expresa: «Es cierto que las similitudes son perturbadoras. ¿Cómo dejar de pensar en el presidente Sadat al escuchar a Sibt Ibn al Jawazi denunciando, ante el pueblo de Damasco, la traición del señor de El Cairo, Al-Kamil, que tuvo la osadía de reconocer la soberanía del enemigo en la Ciudad Santa?[2].

De una forma u otra, la originalidad del encuentro entre el santo y el sultán nos habla de una inmensa ausencia de diálogo entre ambas culturas que se combaten la una a la otra —con diferente suerte— desde que comenzó, hace catorce siglos, la expansión del Islam.

Maalouf coloca en el centro de la disputa al eje del conflicto: La soberanía sobre la Ciudad Santa, el control sobre sus santuarios, particularmente el antiguo emplazamiento del Templo de Jerusalén, que es el símbolo máximo de la alegoría masónica y razón de ser de la Orden de los Caballeros Templarios.

Paradójicamente, pesa sobre los templarios la sospecha de haber estrechado vínculos con el Islam tan intensos como sus combates.

Huston Smith, quizá el más grande de todos los especialistas en religiones comparadas del siglo XX, ha dicho: «...De todas las religiones no occidentales, el islamismo es la más próxima a Occidente; más próxima por su ubicación geográfica, pero también por su ideología, ya que desde el punto de vista religioso pertenece a la familia abrahamista, mientras que el filosófico descansa en los griegos... Pero pese a esta proximidad

---

[2] Maalouf, Amin; «*Les croisades vues par les Arabes*».

mental y espacial, el islamismo es la religión que más cuesta entenderse en Occidente...»[3]. Esta dificultad ha sido admitida por muchos americanos. Hace algunos años —mucho antes que los asesores del Pentágono imaginaran una bienvenida de música y flores para las tropas invasoras de Irak— Meg Greenfield escribía en Newsweek: «...Ninguna otra parte del mundo es incomprendida por nosotros de forma tan desesperante, sistemática y tozuda que esa estructura religiosa, cultural, y geográfica conocida como Islam...»[4].

La misma incomprensión invade al mundo islámico frente al fenómeno que, para ellos, ha representado siempre el Occidente cristiano. La realidad histórica pareciera confirmar la preeminencia de una relación de confrontación con el Islam sobre una relación de comprensión e intercambio.

La civilización que se desarrolló en Europa, y que dio nacimiento a lo que llamamos Occidente, ha tenido en la base de su fenómeno histórico al cristianismo triunfante y a una sólida, metódica y permanente vocación expansionista. La francmasonería no sólo ha acompañado ese proceso sino que ha contribuido notoriamente a su construcción. El Islam, por su parte, constituye uno de los procesos expansivos más interesantes de la historia.

Philip Hitti, en su *Historia de los árabes* escribe: *«...Alrededor del nombre de los árabes brilla ese hálito que pertenece a los conquistadores del mundo. No transcurrido un siglo desde que surgieron, se hicieron amos de un imperio que se extendía desde las costas del Atlántico hasta los confines de China, un imperio más grande que el de Roma en su apogeo. En este período de expansión sin precedentes, integraron en su credo, su idioma, y hasta su tipo físico, más seres extraños a ellos que lo que hasta entonces, y desde entonces ha logrado ninguna otra raza, incluidas la helénica, la romana, la anglosajona y la rusa...»*[5].

---

[3] Smith, Huston; *«Las Religiones del mundo»* (España, Thassàlia, 1995) p. 231 y ss.
[4] Greenfield, Meg; *«Newsweek»* (26 de marzo de 1979) p. 116.
[5] Hitti, Philip; *«History of the Arabs»*, (New York, St. Martin's Press, 1970) p. 3.

Cuando Francisco de Asís y Al Kamil se reunieron en Egipto, estas dos culturas, con tiempos y desarrollos diferentes, ya manifestaban similitudes más inquietantes que sus diferencias. Ambas provenían del tronco abrahámico, en ambas existía una revelación excluyente, compartían la inclinación a la guerra y la conquista y ambas, antes y después intentarían expandir sus fronteras y su fe sobre la otra. Y si analizamos la relación de confrontación entre Occidente y el Islam, veremos que el mundo islámico no ha sido sólo el más próximo a Occidente sino su frontera misma, y que esta ha sido hostil durante toda su existencia.

## 2. La guerra de los 1400 años

El Islam constituyó un frente militar para el cristianismo desde su mismo nacimiento. La ciudad de Jerusalén permanecía en poder de los romanos desde los tiempos de Adriano que la había ocupado en el año 135 rebautizándola Aelia Capitolia, erigiendo sobre las ruinas del antiguo Templo dos estatuas: la de Júpiter y la suya propia. En el año 324 el emperador Constantino, con el entusiasta apoyo de su madre, le devolvió a la ciudad su nombre y mando construir la Basílica del Santo Sepulcro y la iglesia de Eleona en el Monte de los Olivos. A partir de entonces la ciudad se convirtió en centro de peregrinación del cristianismo y desarrolló un perfil fuertemente cristiano. La ocupación bizantina continuó los siguientes tres siglos, lapso en el cual se construyeron numerosas iglesias. Sólo entre el 614 y el 629 la ciudad pasó a control de los persas que la ocuparon con un ejército comandado por el general Razmis.

El emperador Heraclio la recuperó para Bizancio, pero en el 638 se produciría un hecho que modificaría radicalmente la historia de Medio Oriente. Omar ben al Jattab, segundo califa después de Mahoma, conquistó para el Islam la Ciudad Santa luego de la batalla de Karmuk inaugurando una era que —justo es decirlo— contempló cierta tolerancia hacia cristianos y judíos que pudieron mantener algunos templos. Pero poco después, en el 661, la dinastía de los Omeyas, con capital en Damasco, anexó Palestina a sus territorios y nombró como gobernador al califa Muawiya. En los años siguientes se produjo un hecho que escandalizó a los cristianos y sentó las bases de un conflicto sangriento: En 668, el sucesor de Muawiya, el califa Abd el Melik inició la construcción de la Mezquita de la Cúpula de la Roca; años más tarde, y sobre el mismo predio del antiguo Templo de Salomón, su hijo Walid construyó la Mezquita de Al Aksa.

Mientras esto sucedía en Palestina, otro frente árabe se abría contra el Occidente cristiano. El conflicto se inició en 711, cuando el gobernador árabe del norte de África, Musa ben Nusayr, envió a su lugarteniente, el general berebere Tarik ben Ziyad, a la península ibérica a conquistar Al Andalus. Luego de conquistar España cruzaron los Pirineos dispuestos a expandir sus fronteras en Europa Occidental. Al mando de Abd al-Rahman ben Abd Allah al Gafidi invadieron Aquitania en 730. Allí, en las llanuras de Poitiers, en una dramática batalla, Carlos Martel detuvo la invasión. La reconquista del Occidente europeo demandaría casi ochocientos años.

Hacia fines del siglo XI, los herederos del imperio fundado por Carlos Martel, convertidos en cruzados, se lanzaron contra la frontera oriental. Invadieron el Asia Menor en manos de los turcos islamizados, sometieron Antioquía, asolaron los estados árabes del cordón sirio-palestino y pusieron asedio sobre Jerusalén.

El 14 de julio de 1099, bajo los estandartes cristianos del duque Godofredo de Bouillón y el conde Raimundo de Tolosa, Jerusalén cayó en manos de los francos. *«...Cuando ya no quedaban musulmanes que matar* —dice Runciman— *los príncipes de la cruzada fueron en solemne fausto por el barrio desolado para dar gracias a Dios en la Iglesia del Santo Sepulcro...»*

Los ejércitos musulmanes tardarían doscientos años de guerra constante en recuperar su antigua frontera. Los últimos cruzados abandonaron la fortaleza templaria de Castel Pellegrin el 14 de agosto de 1291. Ese día, el historiador árabe Abu l'Fida escribía: *«...Con estas conquistas, todos los territorios de la costa fueron devueltos a los musulmanes... Así fueron los francos expulsados de toda Siria y de las zonas costeras. ¡Quiera Alá que nunca vuelvan a poner un pie allí!...»*.

Pero la frontera oriental no se pacificaría. Una nueva y sangrienta expansión islámica llegaría con los ejércitos de los sultanes otomanos. Constantinopla sería arrasada. Solimán el Magnífico haría temblar el Oriente europeo y llegaría a sitiar la ciudad de Viena en 1529. El poderío de los sultanes turcos les valdría, hasta 1924, el título de Califas del mundo musulmán sunni y *«Jefes de los creyentes»*.

La reconquista y liberación de Hungría, Macedonia, Bulgaria, Grecia y Albania demandó un esfuerzo de siglos y trajo consigo conflictos étnicos y religiosos en los Balcanes que perduran hasta nuestros días.

En aquel lejano agosto de 1219, Al Kamil le confesó a Francisco de Asís que estaba dispuesto a firmar la paz con los francos, y hasta ceder algunos puertos y bases en la costa Palestina. Pero no podía resignar Jerusalén. Hacia fines del siglo XIX, cuando el movimiento sionista ya había puesto su proa a Oriente Medio, el alcalde árabe de Jerusalén, Yousef Diyyandín Bacha Al Khalidi le envió una carta al Gran Rabino de Francia en la que exhortaba *«...En nombre de Dios, dejen a Palestina en paz...»*.

Como ya hemos señalado, en 1917 el general británico Edmund Allenby entró en Jerusalén al frente de una división del ejercito inglés luego de vencer a las tropas turco-otomanas. Desde 1224 ningún ejército cristiano había pisado Al Quds, la Santa, el nombre que los árabes le dan a Jerusalén, la ciudad desde donde el profeta ascendió al cielo. Este acontecimiento fue celebrado en Londres, según relata John Robinson, con una ceremonia de los *«barristers»*, nombre con el que se conoce a los abogados que transitan la zona de Temple Bar, cuya sede es la antigua iglesia del Temple, situada entre Fleet Street y el río Támesis.

Robinson afirma que los *«barristers marcharon en procesión a la iglesia circular de los templarios y colocaron la corona de laurel de la victoria sobre las efigies de los caballeros, para transmitirles un mensaje sin palabras: No estáis olvidados...»*[6]. Antes de que transcurriera un año, los antiguos principados latinos de la Gran Siria estaban nuevamente ocupados por ejércitos cristianos.

Pocos años después, Occidente redoblaría la apuesta apoyando la fundación, en Palestina, de un Estado Judío, e Israel se anexaría lo que quedaba de los territorios árabes palestinos, incluida su capital, Jerusalén. Desde entonces es común encontrar en sectores radicales del Islam definiciones lapidarias hacia la francmasonería:

«...*Asociada a la universalidad de todas las religiones* —dice Umar Ibrahim- de la comunidad Islámica de México— *se encuentra la idea de la hermandad de la humanidad. La hermandad de la humanidad es la antítesis de la hermandad en el Islam. El capitalismo necesita de una identidad distinta a la de la identidad religiosa. La masonería tiene una hermandad en la que la denominación religiosa no importa. Son todos hermanos masones más allá de las diferentes religiones. La hermandad de la humanidad es la universalidad de la hermandad masónica. La hermandad en el Islam excluye a los kuffar (no musulmanes). Los kuffar no son ni nuestros hermanos ni nuestros amigos...»* y agrega, como para que no queden dudas *«...Miren lo que Allah, Exaltado sea, dice en el Qur'an: ¡Vosotros que creéis! No toméis a los judíos y a los cristianos como vuestros amigos; Ellos son amigos entre sí. Quien de vosotros los tome como amigos es uno de ellos. En verdad Allah no guía a la gente injusta...»* [7](Qur'an 5,53).

La masonería no se ha desentendido de la cuestión Palestina. El fallecido rey Hussein de Jordania, ocupando el cargo de Gran Maestre de la Gran Logia de su reino, tuvo una importante participación en el proceso que culminó con los «*Acuerdos de Camp David*». Gran parte del éxito se debió a que, tanto el presidente egipcio Anwuar el Sadat como el primer ministro israelí Menahem Beguin eran también masones. Los que conocen los pormenores de aquella negociación mencionan la existencia de una «*tenida masónica*» convocada en Jordania por el rey Hussein, en la que par-

---

[6] Robinson John; «*Mazmorra, hoguera y espada*» (Editorial Planeta S.A., Barcelona, 1994) , p. 505.
[7] Umar Ibrahim Vadillo; http://www.islammexico.org.mx/Textos

ticiparon los líderes Sadat y Beguin y en la que se decidió el sorpresivo viaje que luego Sadat haría a Israel y que le valdría —tal como hemos dicho— la acusación de traidor de la causa árabe, acusación que, por otra parte, le costara la vida. El rey Hussein continuó comprometido con la paz hasta su muerte.

*El fallecido rey Hussein de Jordania, ocupando el cargo de Gran Maestre de la Gran Logia de su reino, tuvo una importante participación en el proceso que culminó con los* «Acuerdos de Camp David». *Gran parte del éxito se debió a que, tanto el presidente egipcio Anwuar el Sadat como el primer ministro israelí Menahem Beguin eran también masones. (En la fotografía ambos líderes, Sadat y Beguin, sellan los acuerdos junto al presidente Carter).*

Fueron otros dos masones asesinados, Olof Palme y Yitzak Rabín, los que hicieron posibles los llamados «*Acuerdos de Oslo*», y no todos comprendieron el verdadero alcance de las palabras pronunciadas por el ya viejo y enfermo rey cuando en el entierro de Rabín —muerto por la intolerancia— dijo que «*estaba despidiendo a un hermano*»[8].

El Islam siempre ha considerado a la francmasonería como a un temible enemigo. Pero no debiera sorprendernos el odio de los sectores radicalizados del Islam hacia la francmasonería, pues esta, en sus principios, representa la quintaesencia de la civilización europea. Desde Europa se proyectó al continente americano apoyando y dando cobertura al proceso revolucionario que construyó las bases de los sistemas políticos y sociales que actualmente gobiernan en América.

Por su parte, el Imperio Británico facilitó la penetración de la francmasonería en los vastos territorios de Oriente Medio, la India y hasta el Extremo Oriente. Podría considerarse a la francmasonería como la herramienta más efectiva en la expansión del universalismo secular cristiano. El problema radica en que el proceso de secularización que ha transitado el Occidente cristiano no tiene un correlato en el mundo islámico y que, al igual que Occidente, el Islam concibe su propia idea de «*universalidad*». Pero ni la universalidad masónica ni la del Islam son «*universalizables*».

Hace poco más de un año, en medio de la crisis de la guerra de Irak, una poderosa bomba voló una sede de la masonería en Turquía, que es uno de los pocos países con mayorías musulmanas en los que la francmasonería ha podido penetrar. El atentado se produjo en el distrito turco de Kartal, cerca de Estambul, apenas unas horas antes de la masacre perpetrada en Madrid el 11 de marzo de 2004. Al día siguiente el diario londinense Al-Quds Al-Arabi publicó un comunicado en donde las

---

[8] Callaey, Eduardo R.; «*Figuras contemporáneas de la Masonería*» en Revista Todo es Historia, N° 405, Buenos Aires, Abril 2001.

brigadas de Abu Hafs Al-Masri, ligadas a Al-Qaeda, reivindicaban su responsabilidad en el atentado de Madrid y también en el de Estambul. Reconocían que este último iba dirigido contra la masonería y se lamentaban de no haber asesinado a todos los masones allí reunidos debido a un fallo técnico. Las autoridades turcas atribuyeron el ataque al odio islámico hacia todo lo judío y por la filiación de los ritos masónicos a los ritos judaicos y a Israel.[9]

La brigadas de Abu Hafs al Masri —que llevan ese nombre por un egipcio, lugarteniente de Osama Bin Laden, que murió en Afganistán en noviembre de 2001, en los primeros días de la guerra contra ese país, donde supuestamente se escondía la plana mayor de Al Qaeda— son las mismas que se atribuyeron los atentados de Londres del 8 de julio de 2005[10].

Cabe señalar que la francmasonería moderna sólo ha podido penetrar en los países islámicos con fuertes procesos de secularización, tal el caso de Turquía, Líbano, Egipto, Persia hasta la muerte de Sha Reza Pahlevi y, hasta cierto punto, Jordania.

Durante las recientes invasiones a Afganistán e Irak, el fundamentalismo islámico ha denominado frecuentemente a las tropas invasoras como «*cruzados*». Esta palabra —también utilizada en Occidente como calificativo de ciertos sectores políticos conservadores— pretende ser hoy una descalificación. La propia Iglesia Católica la incluyó en el mea culpa del año jubilar, cuando en verdad y como señalara recientemente Paul Johnson «*las Cruzadas, lejos de ser un escandaloso prototipo de imperialismo occidental, como se enseña en la mayoría de nuestras escuelas, fue un mero episodio en una lucha que ha durado 1400 años, y fue una de las pocas ocasiones en que los cristianos tomaron la ofensiva para recuperar los territorios ocupados de la Tierra Santa*»[11].

---

9 El lector interesado puede ver tales informaciones del 10 de marzo en el periódico turco Hurriyet, y en el Chicago Tribune (sección 1, pág. 3), en el USA Today (pg. 10A).

10 http://www.clarin.com/diario/2005/07/09/um/m-1010940.htm

11 Johnson, Paul; «*National Review*», http://www.nationalreview.com/15oct01/johnson101501.shtml

Se ha sugerido que una de las misiones que se habría impuesto la francmasonería sería la de unir los dos testamentos en «*una sola carne*» por decirlo con palabras de San Pablo. Jean Tourniac ha intentado explicar, con gran esfuerzo, que por sus orígenes tradicionales, remontados a los tiempos de la primera fundación patriarcal, en ella podrían comprenderse las tres grandes religiones monoteístas.

Curiosamente, los templarios supieron construir puentes con sus equivalentes islámicos, más allá de la ferocidad con la que se enfrentaban en el campo de batalla. Ambas órdenes, la templaria y la masónica, han sido igualmente denostadas por los fundamentalistas de ambos mundos, el católico y el musulmán.

Si la francmasonería de los Altos Grados, tal como se ha señalado, ancla su modelo en el prototipo del cruzado, expresado en la figura del templario; si las logias operativas medievales son herederas de las logias benedictinas que construyeron una sociedad en la que la ciudad del hombre era el reflejo de Jerusalén, la ciudad de Dios; si en todos los casos —en una sombrosa coincidencia— la alegoría de la sociedad perfecta gira en torno al Templo de Jerusalén, centro neurálgico de todo el monoteísmo abrahámico, estamos frente a un desafío que la ciencia histórica tarde o temprano habrá de abordar, pero que por ahora ha evitado.

Esta necesidad de ubicar la trama histórica de la francmasonería dentro del escenario mayor de la historia general, ha sido frecuentemente mencionada. Es cierto que ha crecido —justo es reconocerlo— el interés de algunos historiadores por el fenómeno masónico, en la medida que han descubierto en los archivos de las Grandes Logias, claves que descifran numerosos enigmas, sólo explicables a la luz del factor masónico. Sin embargo, y pese a los esfuerzos realizados por integrar la historia masónica a la historia general, aún existe una enorme tarea pendiente.

La francmasonería es parte de la trama de la historia, y su sentido resulta inaccesible sin el marco en el que se desarrolla. «*La masonería* —dice Henri Tort-Nouguès— *forma parte de la historia de los hombres. Sólo se puede comprender si, en primer lugar, se la sitúa en su contexto histórico, social y cultural...*»

Por esa razón, conviene advertir aquí que cuando intentamos penetrar en los pliegues de su historia, se hace necesario distinguir, claramente, qué corresponde al marco histórico y qué a la tradición.

Necesariamente, nuestro recorrido no será lineal, pues se trata de un laberinto que no se termina de conocer, pero en el que hemos hallado un «*hilo de Ariadna*» que puede conducirnos hacia una salida posible.

## Capítulo III

# La Hermandad de la Piedra

### 1. La masonería primitiva y «*Los Hijos de la Viuda*»

Generalmente se asocia a la francmasonería con el antiguo arte de la construcción de los edificios religiosos. En esa visión tradicional, el francmasón es el hombre que conoce los secretos de un «oficio sagrado», históricamente relacionado con los misterios de la religión, es decir, con su aspecto esotérico. Desde épocas remotas, la arquitectura sagrada estuvo reservada a una elite de individuos que reunían el dominio de la técnica con un profundo conocimiento esotérico.

Esta tradición pretende remontarse a los tiempos antediluvianos, pues existe una antigua leyenda que sostiene el origen cainita de los francmasones. Según este relato, cuyo antecedente hay que buscarlo en los mitos hebreos, Jehová creó a Eva, pero esta fue seducida por un poderoso espíritu luciferino llamado Samael, quien engendró en ella a Caín antes de ser expulsado del Edén por el propio Jehová. De este modo, Caín fue el primer «*hijo de la viuda*», apelativo con el que son conocidos los masones desde tiempos inmemoriales.

Luego nacería Abel, de la unión de Eva con Adán. Desde entonces, dos linajes diferentes caminaron sobre la tierra: los descendientes de Caín, con un ascendente semi-divino, y los de Abel, hijos de la tierra. La temprana rebelión de Caín anticipó la naturaleza de su progenie: hombres de enérgica dinámica, rebeldes a la autoridad, concientes de su libertad, reacios a la fe y enemigos de la docilidad de la que ha hecho gala la descendencia de Abel. Los primeros abrazarían el «*arte real*», mientras que los segundos el «arte sacerdotal».

Esta idea de masonería mítica, surgida en las grandes civilizaciones desarrolladas en el Cercano Oriente antiguo, se encuentra presente en la mayoría de los manuscritos medievales considerados como documentos liminares de la tradición masónica moderna. Sin embargo, en la conciencia colectiva, la catedral gótica —más que los monumentos del mundo antiguo— parece ser la obra principal con la que son identificados los masones.

En los manuscritos mencionados —generalmente protocolos, reglamentos y constituciones de los gremios medievales de constructores— abundan las referencias a personajes bíblicos, La lectura de estos antiguos documentos nos revela que los masones operativos hacían remontar los orígenes de su gremio a los tiempos del rey Nemrod e incluso a Noé. En algunos manuscritos se menciona a Tubalcaín, el inventor de la metalúrgica, cuya fragua mágica, en la que fueron forjadas las primeras espadas, remite a Vulcano y a Hefaistos, los grandes dioses fogoneros del mundo clásico.

Pero en estos manuscritos también abundan las referencias a las antiguas corporaciones de obreros de la cuenca del Mediterráneo, desde los constructores del Templo de Salomón —vinculados con los artífices dionisíacos de las costas fenicias— hasta los *colegios* de arquitectos del Imperio Romano.

Estos colegios agrupaban a los distintos oficios y se denominaban genéricamente «*collegia artificum*» —colegios de artífices— mientras que los «*collegia fabrorum*» —colegios de arquitectos— eran los que se dedicaban específicamente a la construcción.

Vale la pena detenerse en un detalle etimológico que nos prevendrá de una confusión muy común: Se suele relacionar al masón con el trabajo de la piedra. Sin embargo, estas corporaciones se conformaban con personas hábiles en distintos oficios, todos ellos necesarios a la hora de erigir un edificio. Muy particular lugar ocupaban los carpinteros. De hecho, el término «*fabrorum*» es el genitivo del vocablo latino «*faber*» que significa obrero, artesano, pero también «*carpintero*». En la antigua Roma, los artesanos del hierro y la madera tenían como dios a un fogonero: Vulcano.

Encontramos carpinteros en la construcción del Templo de Salomón, en las logias de constructores de catedrales de las abadías benedictinas y hasta en la Orden del Temple, donde existía la figura del «*magíster*

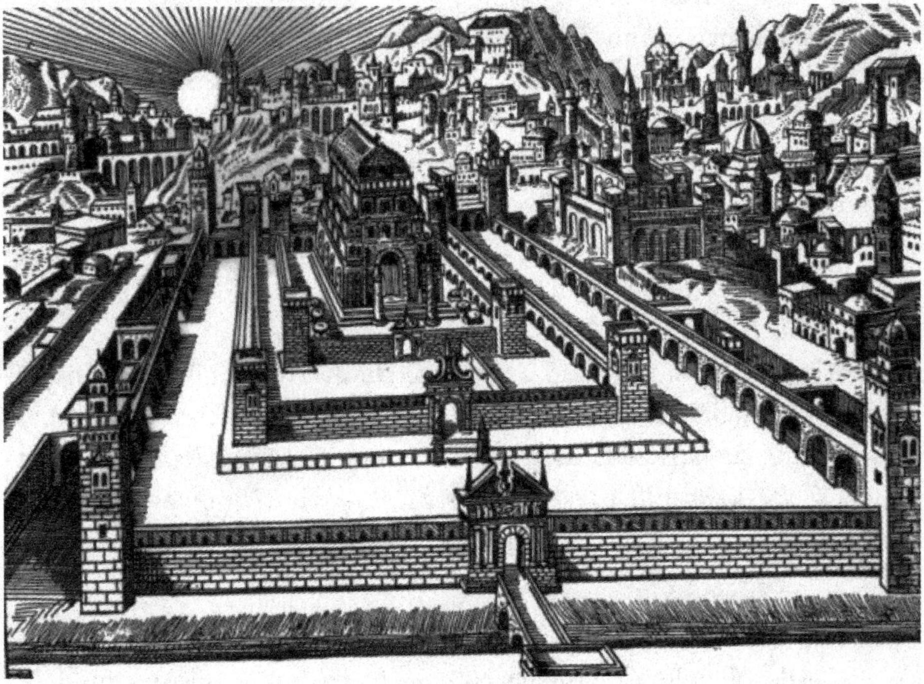

*Desde tiempos lejanos, cuyo origen no ha sido jamás precisado, la masonería desarrolló un lenguaje simbólico. La mayoría de los símbolos que conforman este lenguaje provienen de la arquitectura sagrada. El Templo de Salomón es el símbolo máximo de la alegoría masónica. (Grabado holandés realizado por Mattheu Merian, Ámsterdam, 1695).*

*carpentarius*», maestro carpintero, que tenía a su cargo sirvientes y laicos ligados a la construcción. Por otra parte, Hiram Abi, el hábil artesano convocado por Salomón para la construcción de su famoso templo, es un fundidor y brillante orfebre.

Por lo tanto, aunque habitualmente se considera al masón en su relación con la piedra, debe entenderse que cuando hablamos de *colegios*, *corporaciones* o *guildas* se ha de incluir a canteros, talladores, carpinteros y metalúrgicos. En cambio, el vocablo «masón» —entendido generalmente como albañil— tiene una raíz etimológica precisa: Según Isidoro de Sevilla en sus «*Etimologías*» los «*machiones*» son así llamados por las maquinas (*machina*-andamio) a las que suben «*a causa de la altura de los muros*». De allí que «*machio*» haya derivado en masón.

La alegoría más difundida de la francmasonería hace referencia a la construcción del ya mencionado Templo de Salomón. Según el relato bíblico, el sabio rey de Israel decidió construir una casa digna de la gloria de su Dios. Carente de los obreros necesarios para hacerlo, celebró un trato con Hiram rey de Tiro. Este le proveería madera de cedro y ciprés, y también los técnicos, carpinteros y canteros necesarios para la construcción del Templo, incluido el más hábil fundidor tirio, llamado Hiram Abí.

Considerado como el masón perfecto, Hiram Abí es una figura misteriosa y esquiva. Su mención en la Biblia es breve, pero describe en detalle su destreza y su capacidad de trabajo. Las dos *Columnas del Templo* llamadas «*J*» y «*B*», los capiteles, el *«Mar de Bronce»*, y una infinita cantidad de objetos artísticos y litúrgicos, surgen de sus manos y de su ingenio.

Es hijo de una viuda hebrea de la tribu de Dan, según el libro de los «*Reyes*», y de Neftalí según «*Crónicas*». Su padre había sido un fundidor tirio, maestro en metales. Su nombre, en arameo, es Huram-Abi. Su oficio lo acerca al linaje de otro fogonero, Tubalcain —creador del bronce cortante y la espada de hierro— y al propio Caín.

Por su parte, los obreros que trabajaron en la construcción del Templo, fueron reclutados en Guebel —el antiguo puerto fenicio de Biblos— por lo que se los ha denominado frecuentemente «*giblitas*», traducción del vocablo hebreo «*giblim*».

Este puerto del Mediterráneo Oriental era el asiento de una antigua cofradía de constructores conocida como «*los artífices dionisíacos*». Sus orígenes se desconocen, pero habitualmente se los relaciona con los arquitectos que construyeron los teatros en honor de dios Dionisio (de allí su nombre), e instituyeron las representaciones dramáticas que, como es sabido, tenían una profunda significación iniciática. Su actividad se extendía por todo el Cercano Oriente y existen documentos que avalan la importancia de la ciudad fenicia de Biblos, como proveedora de pertrechos y personal técnico para la construcción, desde principios del III milenio a.C.

Algunos papiros egipcios encontrados en Guebel-Biblos se remontan a los tiempos de la II dinastía del Antiguo Egipto. Cabe reflexionar que si los egipcios —constructores por excelencia del mundo antiguo— reclutaban hombres de esta corporación, el carácter profesional que habían desarrollado los *giblitas* queda fuera de duda. Por otra parte, el texto bíblico es muy claro en cuanto al origen de los canteros de Hiram: Provenían de la ciudad fenicia de Guebel-Biblos y su arte era notable, tal como ha sido descrito por el historiador Flavio Josefo: «*...las piedras de los muros del templo eran talladas tan lisas que ni observándolas de cerca podía reconocerse huella alguna de martillo o de otras herramientas. Todo el material de construcción parecía haberse ensamblado por sí mismo sin colaboración exterior alguna...*»

## 2. Los «*Colegios Romanos*» y los maestros constructores en el mundo clásico

Esta tradición fue heredada por los romanos, que establecieron instituciones integradas por los constructores de templos y monumentos a las que denominaron, como hemos dicho, «*collegia fabrorum*». La leyenda remonta su aparición a los tiempos del mítico rey Numa Pompilio —en el siglo VII a. C. — de quien se afirma que era amigo de Pitágoras. La leyenda atribuye a Numa la creación de un conjunto de colegios de artesanos a cuya cabeza estaban los colegios de arquitectos.

Estos colegios gozaban de ciertos privilegios, como por ejemplo: jurisdicciones propias con tribunales especiales; derecho a dictar sus propios estatutos, franquicias e inmunidades contributivas especiales, etc. Se establecían, generalmente, en las cercanías del templo a cuyo dios veneraban, regidos por una compleja trama de leyes que reglamentaban su relación con el Estado.

La acción que desarrollaron dejó su impronta a lo largo de toda la península itálica e impuso nuevos sistemas de construcción al introducir hacia el siglo IV a.C. el verdadero arco y la verdadera bóveda. De esta misma época datan probablemente los descubrimientos de nuevas técnicas que se extendieron rápidamente en las regiones romanas —latinas y etruscas— tales como el ladrillo cocido y unido con argamasa y la producción de una forma de hormigón con piedra y cemento. Hacia el siglo II a.C. los arquitectos romanos habían alcanzado tal fama que sus servicios se extendieron a tierras helénicas.

La acción de los colegios romanos se extendió por espacio de siglos y sufrió grandes mutaciones a través de la historia de Roma. Nunca fueron considerados como una institución independiente del estado romano, sino que, por el contrario, representaban en la estructura social un rol importante en el sistema de delegación del poder que aplicaba el gobierno central en beneficio de las estructuras provinciales y municipales. Dentro del amplio esquema de los «*collegia artificum*», parece claro que los «*collegia fabrorum*» ocupaban la cúspide de la pirámide.

¿Por qué la historiografía masónica ha insistido en el antecedente de estos colegios romanos?

En verdad existen semejanzas entre la estructura de los colegios y la de las logias masónicas: Cada colegio debía estar presidido por un *maestro* y dos *decuriones* que ejercían la autoridad sobre los demás miembros, mientras que las tres autoridades (llamadas «*luces*») que gobiernan una logia masónica son su «*venerable maestro*» y los dos «*vigilantes*», a cargo de los «*aprendices*» y «*compañeros*». Los colegios —al igual que las logias— estaban integrados por oficiales que cumplían funciones tales como la de tesorero, secretario, guarda sellos, etc. Sesionaban en secreto y en secreto transmitían las reglas particulares de su arte, que juramentaban no revelar. Del mismo modo que ocurre con la francmasonería, accedían a la cofradía a través de una iniciación, lo que les confería un conocimiento superior al del resto de los oficios.

Ejercían la caridad entre sus miembros, tal como es un deber en la francmasonería. Llevaban a cabo ritos fúnebres, enterrando a cada cual bajo el emblema de su oficio, generalmente la escuadra, el compás, y el nivel. Muchos de estos símbolos funerarios han llegado hasta la francmasonería moderna, que los ha heredado de las corporaciones medievales.

Con el advenimiento del cristianismo sufrieron la importante influencia de la nueva fe y pronto la adoración de los viejos dioses se vio reemplazada por la de los santos. Se cree que cuando Diocleciano desató la «*Gran Persecución*» de los cristianos fue en principio condescendiente con los colegios, aún con los que estaban mayoritariamente constituidos por cristianos. Sin embargo —de acuerdo con una leyenda recogida en el manuscrito «*Regio*» — furioso por la negativa de los colegios a erigir estatuas al dios Esculapio, Diocleciano desató una violenta represión en la que cuatro maestros y un aprendiz fueron martirizados. Muy posteriormente se convertirían en los «*Cuatro Coronados*», Santos Patronos de los francmasones de Alemania, Francia e Inglaterra.

El fin de los colegios de arquitectos es aún materia de controversias. Es posible que el cristianismo haya contribuido al abandono de las antiguas prácticas. Pero también es cierto que la actividad de la arquitectura en los tiempos de Constantino se centró, fundamentalmente, en convertir a los grandes edificios del Imperio en iglesias consagradas a la nueva religión. La desaparición del Estado Romano trajo, como consecuencia, la desarticulación del poder municipal en las grandes urbes del antiguo Imperio, poder del cual dependían, por delegación del poder imperial, los colegios romanos.

*Según una leyenda, el emperador Diocleciano —furioso por la negativa de los masones a erigir estatuas al dios Esculapio— desató una violenta represión contra los colegios de arquitectos, en la que cuatro maestros y un aprendiz fueron martirizados. Posteriormente se convertirían en los* «Cuatro Coronados»*, Santos Patronos de los francmasones de Alemania, Francia e Inglaterra. (Grabado de los* «Cuatro Coronados»*, British Museum ADD. MSS., 18.851, circa 1500).*

Hecha esta breve introducción, queda expuesta la existencia de una tradición nacida en el Cercano Oriente y expandida por el Mediterráneo, cuyos últimos eslabones fueron los «*collegia fabrorum*».

Desde la caída del Imperio Romano hasta el gran impulso monástico del Imperio Carolingio, muy poco se construyó en el continente, aunque existen elementos que nos permiten creer en la supervivencia de esta tradición mediterránea a través de los maestros constructores del norte de Italia —los denominados «*magistri comacini*» (maestros del Lago de Como)— y en su influencia en Europa meridional.

Este vacío, extendido al menos por tres siglos, restringe la posibilidad de que alguna tradición romana relativa a la construcción hubiese sobrevivido en el norte de Europa. Por el contrario, parece ser que nunca se perdió del todo en algunas regiones de la Galia y en Italia, lo cual explicaría, en cierta medida, el fenómeno de los maestros del Lago de Como, o la comunidad de los «*Hermanos Antonianos*», llamados «*pontífices*», a los que encontraremos más adelante en el Languedoc, cuya tarea principal era la de construir puentes.

En efecto, el monje e historiador inglés Beda, apodado «*el Venerable*», (siglo VIII) narra la llegada a la región inglesa de Northumbria, *de maestros vidrieros y albañiles capaces de construir al estilo romano,* procedentes de las Galias con motivo de la construcción de los monasterios de Wearmouth y Jarrow.[1]

Cabe preguntarse cuál era el origen de estos operarios, albañiles y vidrieros de los que habla Beda. En principio, el hecho de que debieran buscarse albañiles en la Galia, es una muestra clara de la total desaparición de los «*collegia fabrorum*» romanos en Inglaterra. Existe generalizado criterio en cuanto a su desaparición en las regiones al norte

---

1 Beda; «*Incipit vita beatorum abbatum Benedicti, Ceolfridi, Eosterwini, Sigfridi, atque Hwaetberhti*», Libellus primus, 5. Se puede consultar también la traducción inglesa de D. H. Farmer (Harmondworth, Penguin, 1983).

de Loire. Sin embargo, la Auvernia —durante siglos el centro religioso de la Galia—, Lombardía —asiento de la legendaria corporación de los «*magistri comacini*» — y otras comarcas meridionales pudieron haber conservado estas instituciones hasta muy entrada la Alta Edad Media.

Tenemos la presunción de que ese vacío debe llenarse con los ya mencionados «*magistri comacini*», una corporación de arquitectos que se estableció en una isla fortificada del Lago de Como, luego de la caída de Roma.

Ludovico Muratori —entre otros notables historiadores— contribuyó a esta teoría remarcando el prestigio del que gozaba esta corporación en toda la Lombardía. Por cierto, hay un antiguo documento del año 643 —atribuido al rey Rotari— en el que se establecen los privilegios concedidos a estos maestros.

Podríamos hablar, entonces, de una corriente mediterránea que se extiende, principalmente, en la Galia, Italia y Provenza, la que con el tiempo desarrolla un modelo de asociación particular, identificada con el arte románico meridional

A diferencia de los colegios romanos y otras corporaciones de constructores del mundo clásico y de la antigüedad tardía que anclaban sus tradiciones en la cultura clásica, las corporaciones medievales de la época de las catedrales lo hacen en la tradición judeocristiana, en donde encuentran los elementos que darán el carácter sagrado a su oficio, a la vez que legitiman su origen en los mismos modelos adoptados por la Europa cristiana.

Esta otra corriente, distinta a la meridional, proviene del norte, tiene una profunda influencia benedictina e impone su originalidad —y su monumentalidad— en el románico imperial. Geográficamente alejada de las rutas mediterráneas, ligada al proyecto político del nuevo imperio carolingio —y a horcajadas de la expansión monástica— desarrolla una tradición propia que veremos a continuación.

*En la Alta Edad Media los líderes de la Orden Benedictina desarrollaron un simbolismo místico y sagrado en torno al Templo de Salomón, otorgando a su constructor Hiram Abí un alto significado, comparándolo con el propio Cristo. Los masones y los templarios heredaron esta tradición en torno al Templo de Jerusalén. En este cuadro el rey Salomón le muestra a la reina de Saba los planos del Templo, sostenidos por Hiram Abí, el protagonista principal de la leyenda masónica. (Óleo alemán de 1760; Museo de los francmasones de Bayreuth).*

## 3. La tradición benedictina y la «*Piedra Cúbica*» de los masones

Durante la Edad Media, el arte de la construcción fue desarrollado por los monjes, principalmente por la Orden Benedictina, que asumió fundamental importancia en tiempos del Imperio Carolingio. El emperador Carlomagno otorgó a los benedictinos el monopolio de la educación y de la transmisión de la cultura, por lo que puede afirmarse que el denominado «renacimiento carolingio» ha tenido su base en la expansión del movimiento monástico inspirado en la regla creada por Benito de Nursia.

*Las múltiples alegorías que conforman la «Leyenda Masónica» tienen su origen en una antigua literatura benedictina. En particular, cabe mencionar la obra del Beda «*De Templo Salomonis Liber*» y a las exégesis realizadas por Rabano Mauro, Walafrid Strabón y otros notables monjes benedictinos de los siglos VIII y IX. Este simbolismo fue heredado por las logias surgidas en la Edad Media y revalorizado en el siglo XVIII cuando muchos abades de la Orden Benedictina se unieron a la masonería católica estuardista. (Imagen de Beda, llamado «el Venerable»).*

En el siglo VIII, el ya citado monje inglés Beda, dio inicio a una nueva tradición para los monjes que construían las numerosas abadías que estaban sembrando Europa. Su obra «*De Templo Salomonis Liber*» establece las alegorías fundamentales que luego recogerá la tradición masónica medieval. Este libro, inspirado en la observación de los obreros que construían su monasterio, habla del significado místico del Templo de Salomón y de las virtudes que deben adornar a quienes trabajan en el oficio sagrado de la construcción del templo. Describe el proceso de «cuadrar la piedra», que en el lenguaje masónico significa la conversión del «*profano*» —simbolizado por una «*piedra en bruto*»— en un *iniciado*, simbolizado por una piedra cúbica, en escuadra, apta para participar en la construcción colectiva de un Templo a la Gloria del Gran Arquitecto del Universo.

Beda también establece significados alegóricos para la mayoría de los elementos que componían el Templo de Salomón, tales como las dos columnas «*Jakim*» y «*Boaz*», el «*Mar de Bronce*», la «*Cámara del Medio*» —lugar misterioso donde sólo se reúnen los maestros— así como el papel del fundidor Hiram Abí, del intendente de obras, Adoniram, y muchos otros tópicos centrales en la leyenda y el simbolismo de la masonería moderna.

Si bien Beda nunca abandonó Inglaterra, sus escritos llegaron a la corte de Carlomagno a través de su discípulo Alcuino de York, que difundió toda aquella literatura entre las principales abadías del Imperio. Las obras de Beda —fuertemente influidas por la tradición judía del Antiguo Testamento— encontraron el aporte posterior de exégetas brillantes, en especial los hebraístas Rabano Mauro, abad de Fulda y luego Arzobispo de Maguncia, y Walafrid Strabón, abad de Reichenau y autor de uno de los manuales monásticos más difundidos durante la Edad Media, conocido con el nombre de «*Glosa Ordinaria*».

De modo que, cuando la construcción de abadías y catedrales encontró su apogeo en tiempos de la Orden Cluniacense, las logias de constructores benedictinos adoptaron esta simbología y la convirtieron en el modelo alegórico y moral que regiría la vida de estas corporaciones religiosas.

La reforma monástica de Cluny, iniciada en el siglo X, dio a la Orden Benedictina un impulso inusitado y fue la responsable de la difusión del arte románico. Como consecuencia de un proceso complejo, del que ya nos hemos ocupado in extenso en nuestra obra «*Ordo laicorum ab monacorum ordine*», los cluniacenses debieron reclutar mano de obra entre elementos laicos. La demanda producida por la construcción simultánea de cientos de gigantescas catedrales y abadías, los impulsó a crear las figuras de «*hermanos conversos*» (*fratres conversi*) y «*hermanos barbudos*» (*fratres barbati*). Los primeros eran maestros de oficios que se asociaban a los monasterios haciendo votos de obediencia, pero sin consagrarse a la vida monástica; los segundos eran auxiliares de los maestros y se los obligaba a usar barba para diferenciarse de sus maestros.

Hacia el siglo XI, el abad Hugo de Cluny encomendó a dos grandes monjes de la Orden, Udalrico de Cluny y Bernardo de Morland, la redacción de las «*Constituciones Cluniacenses*» que regirían y reglamentarían la vida de las cada vez más poderosas comunidades monásticas. En estas constituciones se otorgan signos distintivos a los maestros constructores, tanto carpinteros como albañiles, y se establecen los reglamentos de las logias. Este es el origen de las características señas y signos con los que se reconocen entre sí los masones. Fueron creados como una necesidad entre los monjes cluniacenses, que los utilizaban en sus traslados para identificarse ante los abades y justificar su rango y oficio.

Estas obras escritas por Udalrico y Bernardo sirvieron como modelo de las abadías y monasterios que adoptaron la regla cluniacense en toda Europa, e introdujeron normas específicas para los constructores, tales como el uso y significado del mandil, que ya en el siglo XI no sólo tenía una connotación utilitaria sino también simbólica, según se desprende de algunos documentos cluniacenses de la época.

*La Orden Benedictina recreó la tradición de los antiguos constructores del mundo clásico, para convertirlos en masones cuyo objetivo fue la construcción de la red de abadías y catedrales que iluminarían el nuevo Imperio Cristiano. La abadía de Cluny constituyó el centro estratégico desde el que se organizaron las logias de* «hermanos conversos» *maestros de oficio. (Grabado de la antigua abadía de Cluny antes de su actual reconstrucción).*

*La francmasonería adoptó tempranamente el concepto de «Gran Arquitecto del Universo» para definir a la divinidad sin darle un nombre religioso específico. Esta fórmula es utilizada por la mayoría de los ritos masónicos y ha dado lugar a múltiples controversias. Algunas potencias masónicas anticlericales surgidas en el siglo XIX —como el Gran Oriente de Francia— la suprimieron. [Página izquierda: Gran Arquitecto del Universo. (Bible Moralisée, circa 1250); en esta página: Gran Arquitecto del Universo. (Holkham Bible, Inglaterra, circa 1300)].*

Muchos grandes monasterios y abadías asumieron como propia la reforma cluniacense, lo cual contribuyó a la difusión de estas tradiciones más allá de las regiones controladas por el abad de Cluny. En Alemania, la reforma fue encabezada por la abadía de Hirschau, en la que su abad Wilhelm, organizó las primeras logias bajo esta regla en la década de 1070.

Hacia el año 1100 estas logias formadas por monjes y conversos ya poseían todo el andamiaje alegórico de la posterior francmasonería: Habían adoptado el uso de símbolos, signos distintivos y palabras de pase. Otorgaban al mandil un valor trascendente y estaban organizados en cofradías en la que existían distintas jerarquías, desde los propios abades, considerados Grandes Maestres, hasta los «*fratres barbati*», auxiliares equivalentes al posterior grado de aprendiz masón. Su participación en la organización de las cruzadas, como ya veremos, resultó fundamental.

La tradición benedictina contiene las bases del simbolismo masónico y de la leyenda acerca de la construcción del Templo de Salomón. Su connotación esotérica es evidente y llama la atención que haya permanecido desconocida por la francmasonería moderna. Probablemente las corrientes anticlericales surgidas en el siglo XIX hayan ocultado su existencia a causa de su evidente contenido cristiano.

En estas doctrinas el Templo de Salomón es definido como «*una prefiguración*» de la «*Iglesia Universal*», lo que equivale en el lenguaje cristiano medieval a «*la sociedad perfecta*». Está construido por «*piedras vivas*» («*los hermanos»,* dice Beda) que descansan sobre «*los cimientos de los apóstoles y los profetas*», cuya «*Piedra Angular es el propio Jesucristo*», simbolizado por *Hiram Abi.*

Para Honorio de Autum (1095-1135) —otro benedictino muy importante para la francmasonería medieval, pues al igual que Beda es frecuentemente mencionado en documentos liminares de la masonería medieval— el templo simboliza, en piedras reales, el templo de gloria construido en la Jerusalén Celeste, piedras reales «*que se mantienen unidas con el mortero, mientras que los fieles se unen con el lazo del amor... Esta casa* —agrega Honorio— *está colocada sobre unos cimientos de piedra y la iglesia está apoyada sobre la segura roca de Cristo*». A su vez, el trabajo del masón no es más que un reflejo imperfecto de la obra que Dios mismo realiza como Gran Arquitecto del Universo, quién, como supremo hacedor del mundo, es el artífice de la Jerusalén Celeste.

Teófilo (1080-1125) —otro connotado benedictino— publica una obra acerca de las técnicas del arte arquitectónico, titulada *«Diversarum Artium Schedula»,* considerada como una de las más importantes —junto con el manual de arquitectura de Vitrubio— por su significación técnica. Afirma Teófilo que un masón debe trabajar, ante todo, en la «*construcción de un templo interior en el que reine la virtud*», misión a la que está convocado a partir del aprendizaje en el uso de las herramientas.

En esta época aparece en la iconografía cristiana la imagen de Dios midiendo al mundo con su herramienta: el *compás.* Mientras que el hombre se prepara para construir la obra con otra herramienta: la escuadra. En el simbolismo masónico el compás representa la fuerza del espíritu penetrando en la materia, mientras que la escuadra, cruzada por debajo del compás representa a la materia adaptándose a la fuerza del espíritu. Los dos triángulos de la Estrella de David adquieren el mismo significado.

En el siglo XI la tradición benedictina se había difundido en un vasto territorio. Hacia 1070 ya habían sido escritas las antiguas «*Costumbres Cluniacenses*» de Udalrico de Cluny; ya se aplicaban en Alemania las «*Constituciones Hirsaugienses*» promulgadas por Wilhelm de Hirschau; la «*Antigua Disciplina Monástica*» de Bernardo de Morlan ya circulaba y se copiaba en Cluny, en Fulda, en Saint Gall. En síntesis, ya se imponía —al menos en gran parte de Europa— un nuevo régimen de trabajadores calificados bajo el mando de un ejército de monjes: ¿Cuánto tiempo sería necesario para que una generación de conversos, legos en los más variados oficios, rompiese su dependencia con el monasterio y se instalara en las ciudades con sus mujeres, sus hijos y sus herramientas?

## Capítulo IV

# Godofredo de Bouillón

### 1. La historia que supera el mito

Cuando a fines del siglo XI, el papa Urbano II convocó a los barones cristianos para que liberaran los lugares Santos, el mundo europeo ingresó en un nuevo ciclo histórico signado por las «*Cruzadas*». La primera peregrinación armada a Jerusalén constituyó uno de los hechos más prolijamente preparados de la historia medieval, puesto que —según lo indica una serie de indicios que analizaremos— la idea de recuperar Tierra Santa estaba en la cabeza de los cluniacenses desde mucho tiempo antes. Sólo había que esperar que las condiciones maduraran.

La decisión de convocar a la cruzada fue elaborada por un grupo de prelados y señores durante 1095. Entre los actores de aquellos acontecimientos se destacan claramente tres: El abad Hugo de Cluny, el papa Urbano II y un selecto grupo de nobles entre los que resalta la figura de Godofredo de Bouillón, comandante del ejército lorenés y uno de los jefes de la expedición.

Los cuatro ejércitos principales de la cruzada partieron entre 1096 y 1097. Godofredo abandonó su castillo de Bouillón el 15 de agosto de 1096. Bohemundo de Tarento y los normandos de Sicilia partieron del puerto de Brindisi en octubre. Raimundo de Saint Gilles, al mando de los provenzales, partió con el más grande de los cuatro ejércitos según coinciden los historiadores. El cuarto ejército, comandado por el duque Roberto de Normandía, Esteban de Blois y Roberto de Flandes, se embarcó en Brindisi en abril de 1097.

En julio de 1099, después de enormes esfuerzos y padecimientos, Jerusalén fue conquistada. Godofredo fue elegido entonces, en circunstancias poco claras, gobernante del Reino Cristiano de Jerusalén.

Llama la atención que fue el único de los grandes barones que empeñó todo aquello que tenía para armar su expedición. No dejó nada sin vender, o enajenar. Con sus ejércitos trasladó un enorme contingente de monjes cluniacenses y, con ellos, un verdadero ejército paralelo de constructores. De otra manera no puede explicarse la inmediata reconstrucción simultánea de los santuarios más importantes de Tierra Santa y la edificación de numerosas iglesias y fortificaciones. Este despliegue logístico que supo prever es por demás interesante y ha hecho pensar que tenía una idea más clara que los demás acerca de su misión y su destino. Pero no es el único interrogante en torno a su vida, enigmática, contradictoria y a la vez apasionante.

Godofredo fue el prototipo del caballero cruzado. Descendía de los emperadores carolingios por línea materna y paterna y algunos historiadores afirman que por sus venas también corría la sangre de los reyes merovingios. A raíz de estas teorías se le atribuye la fundación de una Orden sobre el Monte Sión, una supuesta organización que tenía como objeto la restauración de la dinastía merovingia. Algunos estudiosos afirman que Godofredo era legítimo descendiente de los últimos reyes de aquella dinastía. Según estas suposiciones, para poder cumplir con ese objetivo, los conspiradores habían creado la Orden de los Caballeros Templarios que tenía un doble propósito: recuperar un tesoro oculto en los túneles subterráneos bajo el Templo de Salomón y constituirse en ejército de la dinastía restaurada.

Su figura ha estado en el centro de estas especulaciones vinculadas con supuestas órdenes y cofradías. Aparecidas en las últimas décadas, carecen por ahora de rigor histórico y sólo contribuyen a agregar confusión sobre un tema de por sí confuso. Tal es el caso del «*Priorato de Sión*», cuyos miembros aseguran la existencia de un linaje de Jesús de Nazareth extendido por Europa y de la complementaria historia de las familias «*Rex Deus*», supuestos descendientes de judíos emigrados a Europa en tiempos de Jesús.

Mucho antes que se publicaran estas revelaciones modernas, Godofredo fue rescatado por el masón escocés Michel de Ramsay al remontar a los cruzados el origen de la francmasonería cristiana, teoría en la que se sustenta gran parte del origen histórico de importantes ritos masónicos, entre ellos el Escocés Antiguo y Aceptado. Cuando Ramsay pronunció su «*Discurso*» en 1737 ante la elite de la francmasonería francesa, fijó sus orígenes en «*nuestros ancestros los cruzados*». Ese sería el modelo sobre el cual se construyó la restauración templaria del siglo XVIII.

Desde aquel famoso discurso hasta la fecha, esta relación ha sido defendida y rechazada con igual ahínco, dentro y fuera de la masonería, y permanece en el campo de las cuestiones no resueltas.

Pero como suele suceder, los hechos que involucraron a Godofredo de Bouillón pueden resultar más asombrosos que las fantasías más elaboradas. Su vida trascurrió en apenas cuarenta años, pero fueron años frenéticos. Muchos de los hechos ocurridos en tan breve lapso indican el momento crucial que vivía el desgajado Imperio Franco: La cristiandad se dividió en dos mundos: Roma y Bizancio; La Iglesia Romana emprendió su primera reforma y sus príncipes se declararon infalibles y absolutos; Guillermo de Normandía conquistó Inglaterra; sus descendientes normandos navegaron el Mediterráneo desde Tarento hasta Antioquía. El Imperio, a su vez, se pretendió soberano por la gracia divina y repudió a los pontífices. Se erigieron simultáneamente miles de magnificas iglesias y los infieles fueron expulsados del Santo Sepulcro.

Godofredo fue un activo protagonista de muchos de estos hechos, pero apenas conocemos el rol que desempeñó como actor de la historia y muy poco de su vida detrás de bambalinas.

*Sobre la figura de Godofredo de Bouillón se han tejido innumerables leyendas. Conquistó Jerusalén en 1099 y murió un año después, dejando el trono a su hermano Balduino. Se dice que fundó una Orden en Cenáculo del Monte Sión, precursora de los Caballeros Templarios. Sin embargo, su vida excede el marco de la leyenda, convirtiéndolo en el eje del plan de los abades de Cluny, que soñaban con un Imperio Cristiano extendido hasta la Gran Siria. (Cuadro de Godofredo de Bouillón del siglo XVII, obra de Claude Vignón, 1639).*

Tuvo una importante participación en la «*Querella de las Investiduras*», combatiendo al papado como jefe de los ejércitos del emperador Enrique IV. Años más tarde no dudó en responder al llamado del papa Urbano II y marchó a Palestina al mando del poderoso ejército lorenés. Junto al conde Raimundo de Tolosa puso sitio a Jerusalén en el año 1099 y la conquistó, convirtiéndose en su primer jefe político con el título de «*Defensor del Santo Sepulcro*». Su hermano, Balduino I, lo sucedió en el trono de Jerusalén, y su sobrino Balduino del Burgo —que reinó como Balduino II— fue un entusiasta impulsor de la Orden de los Caballeros Templarios. Godofredo fue un notorio protector de la orden cluniacense, lo cual explica el número de benedictinos que lo acompañaron a la cruzada.

Hay en su historia algunas señales, muy pocas, que dejan abierta la puerta a un profundo misterio; un misterio que está en la base del mito de Europa y que aun preocupa a Roma: La sospecha de otra Iglesia, de otro cristianismo o mejor dicho, de otra espiritualidad. Por afinidad, diríamos por «*vibración*» —si se nos permite el exceso— su figura se ha asimilado a la extraña secuencia que enhebra a los monjes de Cluny, del Cister y del Temple con sus hermanos laicos, los masones. Todas estas instituciones conformaron la columna vertebral de un cristianismo paralelo, cuyo poder creció hasta el punto de condicionar las políticas de los papas.

## 2. El Señor de las Ardenas

La figura de Godofredo brilló entre las antiguas dinastías herederas de Carlomagno. Eran los tiempos surcados por las guerras entre señores duques que pugnaban por el más preciado bien al que podía aspirar un hombre de cuna: las tierras.

El año 1069 trajo consigo una gran desgracia para la Lotaringia, antiguo nombre con el que se designaba a Lorena. Su señor, el duque Gothelón

—al que llamaban «*duque del castillo de Bouillón*» porque era señor de aquellos alodios[1]— declaró la guerra a Otón de Champaña y reuniendo un gran ejército marchó a poner fin a las viejas disputas con el barón franco. Ambos príncipes representaban la más pura nobleza carolingia. Gothelón, señor de un vasto territorio entre Francia y el Rhin —que abarcaba los dominios de Brabante, Hainaut, Limbourg, Namurois, Luxemburgo y una parte de Flandes— descendía de Carlos el Grande y era hermano del Papa Esteban II. Por su parte Otón, su contendiente, era un fiel exponente de la poderosa nobleza franca.

Dispuestos en orden de batalla chocaron sus armas con gran violencia. Otón —a quien su juventud otorgaba considerable ventaja sobre el duque— mató aquel día al duque lotaringio, sumiendo al ducado en profunda pena.

Gothelón —que pasaría a la historia como «*Godofredo el Barbudo*»— tenía un único hijo varón del mismo nombre, a quién apodaban «*el Jorobado*». El joven heredó los bienes de su padre: el ducado de la Baja Lorena, numerosos feudos extendidos en Verdún y otros señoríos como Stenay y Mosay; pero nada tan impresionante como el mítico castillo de Bouillón, enclavado en las estribaciones de las Ardenas, sobre una altura que domina sobre el curso del Semois y que por entonces se erguía sobre numerosos pueblos y aldeas cuyos habitantes daban gracias a Dios por aquella fortaleza temible a los ojos de las ambiciones vecinas.

Godofredo el Jorobado tenía dos hermanas: Regelinda, condesa de Namur por estar casada con el conde Alberto e Ida, casada con Eustaquio II conde de Bolonia. Al morir su hermano en 1076, Ida reclamó los privilegios del ducado de Baja Lorena para su segundo hijo, también llamado Godofredo.

Ida de Lorena y Eustaquio de Bolonia tenían otros dos hijos: Eustaquio, heredero del gran condado de su padre y Balduino, que fue tonsurado a

[1] Gislebert de Mons; «*Cronicon Hanoniense*» (Madrid, Ediciones Siruela S.A., 1987) Traducción de Blanca Garí de Aguilera, p. 9.

temprana edad como solía ocurrir con aquellos barones que no heredarían tierras. Por entonces nada hacía prever que aquellos tres hermanos marcharían un día hacia Jerusalén y que dos de ellos se convertirían en reyes de la Ciudad Santa.

Godofredo, que había nacido en Baysy hacia 1060, tenía 17 años cuando heredó los dominios de su tío. Sin embargo pronto comprendió las graves dificultades que le implicaría mantenerlos. El emperador alemán Enrique IV no estaba dispuesto a ceder al sobrino del «*Jorobado*» el feudo imperial de la Baja Lorena y lo confiscó de inmediato anexándolo a los dominios de la Corona, a la vez que confirmaba para Godofredo el condado de Amberes al norte y el señorío de Bouillón en las Ardenas.

Pero los problemas del nuevo conde de Bouillón no se agotaban con el emperador. La princesa Matilde, viuda de Godofredo el Jorobado no estaba dispuesta a resignar sus derechos sobre Mosay, Stenay y Verdún. Dos obispos complicaban aun más el panorama: Teodoro, obispo de Verdún reclamaba una decena de castillos en su diócesis, mientras que Enrique, obispo de Lieja —que había sido su tutor— intrigaba en su contra apoyando al abad de Saint Huber, quien acusaba a Godofredo de haber tomado por asalto el castillo de Bouillón al mando de un grupo de caballeros, propinándole un brutal castigo a su castellán. Por esta acción temprana e impiadosa —pero reivindicatoria de sus derechos— sería conocido en el futuro como el «conde de Bouillón» más que por sus títulos sobre el ducado de la Baja Lorena.

Estas convulsiones en los señoríos del joven Godofredo no eran más que una gota en medio de la inmensa tormenta que se abatía sobre el imperio alemán.

La reforma cluniacense, con la que la Iglesia trataba de alejarse de una decadencia lacerante, ganaba defensores en Alemania y los propios papas entendían que debían ponerse a la cabeza del movimiento reformista. León IX había dado un paso importante estableciendo la institución del Colegio Cardenalicio como autoridad eclesiástica universal, con lo cual intentaba evitar la continua intervención de los emperadores del Sacro Imperio en la elección de los papas. Era sólo el comienzo de un duro conflicto que, pocos años más tarde, estallaría bajo el papado de Gregorio VII dispuesto a establecer su autoridad absoluta y acabar con el problema de las investiduras de feudos eclesiásticos que el emperador concedía a los laicos. El problema fundamental se suscitaba por el derecho de los soberanos a nombrar a los obispos en sus respectivos territorios. Esto acarreaba una grave corrupción política, incentivaba la simonía y le impedía a Roma un verdadero control sobre las diócesis.

En marzo de1075, Gregorio promulgó el «*Dictatus Papae*» en el que reafirmaba su poder absoluto sobre la cristiandad. Entre otras muchas disposiciones establecía:

> «Que sólo el pontífice romano puede ser llamado, en justicia, universal; Que sólo él puede deponer a los obispos o reconciliarlos; Que sólo él puede utilizar las insignias imperiales; Que todos los príncipes deben besar los pies sólo al Papa; Que sólo su nombre es pronunciado en las iglesias; Que es único su nombre en el mundo; Que a él es lícito deponer emperadores; Que a él es lícito, de sede a sede, urgido por la necesidad, cambiar a los obispos; Que de cualquier iglesia, donde él quiera, puede ordenar clérigos; Que ningún sínodo puede llamarse general sin su mandato; Que ningún capítulo o libro pueden ser tenidos como canónicos sin su autoridad; Que sus sentencias no pueden ser retractadas por nadie, y sólo él puede retractar las de todos; Que él mismo por nadie puede ser juzgado; Que la Iglesia Romana nunca ha errado y en el futuro no errará....» [2]

El emperador Enrique IV había reaccionado con dureza contra esta decisión enfrentándose a Gregorio, mientras que este estaba dispuesto a impedir que el emperador continuara con su política de disposición de

---

2 *Gregorii VII Registrum*, Ed. Ph. Jaffé, in *Monumenta Gregoriana*, II, en: Gallego Blanco, E., «*Relaciones entre la Iglesia y el Estado en la Edad Media*», (Biblioteca de Política y Sociología de Occidente, 1973, Madrid), pp. 174-176.

investiduras eclesiásticas. En realidad, Enrique reclamaba la aplicación del mismo derecho de sus antecesores; en todo caso, lo que se había modificado era la voluntad del pontífice romano en cuanto a elevar su poder a términos absolutos.

Aquel año de 1076, mientras el nieto del legendario Gothelón recuperaba el castillo inexpugnable de su abuelo, el papa Gregorio VII fulminaba al emperador alemán con estas palabras:

> «...*en el nombre de Dios Omnipotente, Padre, Hijo y Espíritu Santo, por tu poder y autoridad, privo al rey Enrique, hijo del emperador Enrique, que se ha revelado contra tu Iglesia con audacia nunca oída, del gobierno de todo el reino de Alemania y de Italia, y libro a todos los cristianos del juramento de fidelidad que le han dado o pueden darle, y prohíbo a todos que le sirvan como rey.*[3]

En tanto que el emperador le respondía:

> «...*Tú, pues, que has sido golpeado por el anatema y condenado por el juicio de todos nuestros obispos y por el nuestro, desciende, abandona la Sede Apostólica que has usurpado; que algún otro ocupe la cátedra de Pedro, otro que no oculte la violencia con el velo de la religión sino que proponga la santa doctrina del apóstol. Yo, Enrique, rey por la gracia de Dios, te digo con todos mis obispos: ¡Desciende, desciende, hombre condenado por los siglos!*»[4].

La antigua alianza entre el trono y el altar ya se había roto definitivamente. A partir de entonces los reyes harían valer su derecho divino más allá de la unción de los pontífices. En aquel primer enfrentamiento que desató «*la querella de las investiduras*» Godofredo de Bouillón tomó partido por el emperador y participó activamente en sus campañas. Primero contra los príncipes alemanes alineados con Roma y luego contra la propia ciudad de los papas. Estos acontecimientos, que tuvieron consecuencias históricas muy profundas, colocaron al Señor de Bouillón en el centro del tablero político de Europa. Cesare Cantú, en su historia de las cruzadas,

3 Gallego Blanco, *ob. cit.* pp. 147.

4 «*Monumenta Germaniae Historica, Constitutiones et Acta, I*», en: Calmette, J., «*Textes et Documents d'Histoire, 2, Moyen Age*», (P.U.F., 1953 Paris), pp. 120 y s. Trad. del francés por José Marín R.

lo pinta al frente de los ejércitos imperiales y le atribuye la muerte de Rodolfo de Suabia.

Rodolfo encabezaba la oposición a Enrique IV y contaba, para ello, con el apoyo de los cluniacenses que habían introducido su regla en Alemania a través de los monasterios alineados a la celebre abadía de Hirschau, la primera en reglamentar —siguiendo la tradición cluniacense— las logias de masones — «*hermanos conversos*» — en suelo germano.

Se sabe que en 1077, Rodolfo de Suabia trató de coordinar con el abad Wilhelm de Hirschau un frente opositor a Enrique IV. El encuentro tuvo lugar en la misma abadía, que controlaba un conjunto de importantes centros monásticos diseminados en territorio alemán, en las regiones de Richenbach, Turungia, Babaria, Suavia y otras localidades.

Muerto Rodolfo a manos del ejército liderado por Godofredo, los alemanes avanzaron sobre Roma. Gregorio VII se vio obligado a buscar refugio y para ello solicitó la ayuda de los normandos de Sicilia, que fueron en su auxilio. Sin embargo, los hombres del duque normando Roberto Guiscardo hicieron tal desquicio con lo que quedaba de Roma que sus habitantes, presos de ira, obligaron al papa a abandonar la ciudad y exiliarse en las tierras normandas de Sicilia, donde moriría poco después. Curiosamente, Bohemundo de Tarento, hijo de Roberto, formaría años más tarde uno de los ejércitos cristianos que marchó a Palestina en la primera cruzada, junto a los loreneses de Godofredo.

Pese a la muerte de Rodolfo y la derrota del partido papal, los esfuerzos cluniacenses contra el emperador continuaron. Hacia 1081, el ya citado abad Wilhelm trabajó, junto al obispo Altmann de Passau, en la fallida elección de un nuevo rey que fuese aliado de la Sede Apostólica.

Las acciones de Godofredo merecieron la reconsideración del emperador en torno a la cuestión del ducado de la Baja Lorena que, finalmente, le restituyó, pero solo como una carga, sin derecho a sucesión, puesto que lo reserva para su hijo Conrado. Pese a esta legitimación a medias, Godofredo siguió siendo llamado el resto de su vida «*conde de Bouillón*» más que duque de Lorena.

El verdadero enigma en la vida de Godofredo es el giro radical que se produjo en su posición luego de la campaña de Italia y la caída de Gregorio VII. En pocos años, aquel hombre que había dado muerte al duque Rodolfo de Suabia en la batalla de Hohenmölsen y que luego bajaría a Italia con sus ejércitos poniendo asedio sobre Roma, se distanció de la postura del emperador, acercándose paulatinamente al monasticismo cluniacense, fuertemente establecido en su territorio.

*El papa Urbano II había profesado sus votos como monje benedictino en la abadía de Cluny. Antes de convocar a la Cruzada en Clermont, realizó un extenso viaje por Francia que lo llevó por los más importantes monasterios cluniacenses de la región. En la última etapa llegó a Cluny donde fue recibido con pompa y honores por el abad Hugo. La Orden Cluniacense sería la ideóloga, la estratega, el agente de propaganda y la conducción logística de la futura expedición a Tierra Santa. (En el grabado, Urbano II convoca a la Cruzada).*

Paradójicamente, fue el primero en responder a Urbano II, cuando éste llamó a organizar una expedición armada para liberar los Santos Lugares, un papa —si se quiere y tal cómo veremos— heredero del pensamiento de Gregorio VII.

¿Qué sucedió en tan pocos años para que se produjera un cambio tan profundo en Godofredo? En 1091, apenas cuatro años después de ser investido como duque de la Baja Lorena, se opuso tenazmente a la decisión del emperador que, en un acto de fuerza, había impuesto como obispo de Lieja a Gotberto, un eclesiástico adicto a la corte. Repudiado y combatido por los grandes abades de la región, Gotberto encontró en Godofredo un enemigo implacable.

Paulatinamente, el conde de Bouillón se alineó con la reforma gregoriana que antes había combatido, oponiéndose a las investiduras imperiales. Steven Runciman —entre otros— cree que este cambio fue la consecuencia de la fuerte influencia que Cluny obró en su conciencia, en un momento en que el monasticismo se encontraba a la cabeza de la profunda reforma espiritual iniciada por Gregorio, que había logrado arrancar a la Iglesia del descrédito. El ascendente de Cluny sobre las ideas de Godofredo parece verosímil si se tiene en cuenta —como hemos visto— la profunda influencia cluniacense en Lorena y Alemania y la activa participación de la orden en el apoyo y organización de la primera cruzada.

## 3. Los benedictinos y la reconquista de la Tierra Santa

Afirma Runciman que hacia fines del siglo VIII parece haber existido un intento de organizar las cada vez más frecuentes peregrinaciones a Tierra Santa, cuyo principal promotor era el propio Carlomagno. Dado el papel preponderante que tuvo la Orden Benedictina en la estructura del Imperio Carolingio, no resulta extraño el hecho de que el emperador haya sostenido un empeñoso esfuerzo en establecer monasterios y hospicios latinos en los Lugares Santos, y que esta tarea haya sido encomendada a los monjes benedictinos.

La importancia de estos establecimientos ha sido descrita por los cronistas y viajeros de la época. Entre ellos, el más significativo parece haber sido el monasterio de «San Juan de Jerusalén», construido junto con un importante hospital en las proximidades del Santo Sepulcro, cuya principal actividad era la de recibir y dar albergue a los peregrinos latinos que llegaban a la ciudad Santa. Su construcción, así como su atención, quedó a cargo de los benedictinos. Allí halló hospitalidad, en el año 870, el peregrino Bernardo el Sabio, quien escribe en su «Itinerario»:

> *«...Fui recibido en el hospicio del glorioso emperador Carlos, en el cual encuentran acogida cuantos visitan con devoción esta tierra y hablan la lengua romana. A él está unida una iglesia dedicada a Santa María, la cual posee una rica biblioteca, debida a la munificencia del emperador, con más de doce habitaciones, campos, viñas y un huerto en el valle de Josafat. Delante del hospicio está el mercado...»*[5].

Se cree que la fundación de estos establecimientos latinos en Jerusalén fue posible por la buena relación que Carlomagno había establecido con el Califa de Bagdad, Harún al Raschid, aunque su verdadero alcance forma parte de los misterios aun no resueltos sobre la vida de Carlomagno. Lo cierto es que a principios de siglo IX, el patriarca de Jerusalén debió recurrir al emperador para solicitarle ayuda, pues los peregrinos cristianos sufrían permanente asedio y vejaciones por parte de los piratas beduinos. En el mensaje del patriarca se hace referencia a que *«...el Monte de Sión y el Monte de los Olivos están gozosos por las donaciones del muy generoso monarca...»*.

Carlomagno se sintió profundamente agraviado por la situación que atravesaban los cristianos en Tierra Santa y decidió enviar una embajada a Al Raschid para poner fin a esta cuestión. Ocurre entonces un hecho

[5] Gebhardt, Victor D. «*La Tierra Santa*» (Barcelona, Espasa y Cía Editores).

que divide la opinión de los historiadores, pero que constituye un antecedente valioso acerca de las pretensiones y los derechos latinos sobre los lugares Santos. Al Raschid responde otorgando protección sobre las iglesias y peregrinos y hace donación del Santo Sepulcro al emperador en la persona de su representante y embajador. Hay quienes sostienen que tal cosa era absolutamente imposible, pues —y tal como lo señala Harold Lamb— *«...resulta inconcebible que un califa del Islam, guardián de los santuarios de su religión, cediera a un cristiano desconocido la autoridad sobre parte alguna de Jerusalén»*[6]

Sin embargo, las crónicas asocian a esta embajada con la cesión a Carlomagno —aunque en forma temporaria— de la autoridad sobre una parte de Jerusalén. Las fuentes relatan que el patriarca de Jerusalén transfirió al emperador las llaves del Santo Sepulcro y del Calvario junto al estandarte (*vexillum*) y las llaves de la ciudad Santa y del Monte Sión. Un clérigo llamado Zechariah trajo el estandarte y las llaves a Roma sólo dos días antes de la coronación de Carlomagno como emperador. Al menos nominalmente, Carlomagno estuvo en posesión del Santo Sepulcro.[7]

Einhardo —un monje del monasterio de Saint Gall— dejó testimonio escrito de esta circunstancia: *«...El califa, informado de los deseos de Carlomagno, no sólo le concedió lo que pedía sino que puso en su poder la propia tumba sagrada del Salvador y el lugar de Su resurrección...» Al Raschid, admirado por los regalos que le enviaba el emperador cristiano, dijo: «...¿Cómo podríamos responder de manera adecuada al honor que nos ha hecho? Si le damos la tierra que fue prometida a Abraham, está tan lejos de su reino que no podrá defenderla, por noble y elevado que sea su espíritu. Sin embargo, le demostraremos nuestra gratitud entregando a su majestad dicha tierra, que gobernaremos en calidad de virrey...»*[8]

---

6 Lamb, Harold, «*Carlomagno*» (Edhasa, Barcelona, 2002) p. 411.

7 Zuckerman, Arthur J. «*A Jewish Princedom in Feudal France*» (Columbia University Press, New York, 1972) pp. 188-189 y ss.

8 Lamb, *loc. cit.*

Más allá del alcance real de estas crónicas, los hechos demuestran que, ya en los tiempos carolingios, el cristianismo occidental consideraba a la Tierra Santa —y en particular a Jerusalén— como el lugar más venerado, punto de contacto con el otro mundo, simbolizado en la imagen de la Jerusalén Celeste, y que esta conciencia se desarrollaría hasta sentir la ocupación efectiva de esa tierra como un imperativo.

Ya hemos dicho que los cluniacenses se habían convertido en los principales organizadores de los movimientos de peregrinos a Tierra Santa. Desde la fundación de Cluny en 910, se asumieron como los guardianes de la conciencia de la cristiandad occidental y como tales, se impusieron una misión concreta con respecto a Palestina. Dice Runciman:

> *«...La doctrina de los cluniacenses aprobó la peregrinación. Deseaban darle asistencia práctica. Hacia principios del siglo siguiente (XI), las peregrinaciones a los grandes santuarios españoles estaban casi totalmente controladas por ellos. Por la misma época empezaron a preparar y organizar viajes a Jerusalén... Su influencia la confirma el gran incremento de los peregrinos procedentes de Lorena y Francia, de zonas que estaban próximas a Cluny y sus casas filiales. Aunque había aún muchos alemanes entre los peregrinos del siglo XI... los peregrinos franceses y loreneses eran mucho más numerosos...».* [9]

Sorprende el éxito de esta política. La regla benedictina era la más practicada entre los clérigos latinos que vivían en Palestina, incluidos los miembros de la pequeña orden fundada en 1075 por italianos de Amalfi, consagrada a San Juan el Compasivo, que habían reconstruido el hospital fundado por los monjes enviados por Carlomagno para atender las necesidades de los peregrinos cristianos, destruido en 1010 por los sarracenos. Esta orden se convertiría luego en la de los Caballeros Hospitalarios, cuyo prestigio emuló a los propios Templarios y se convirtió, posteriormente, en la Orden Militar de Malta.

---

[9] Runciman, *ob. cit.* Vol. I. p. 57.

Basta leer la inmensa cantidad de nombres notables que emprendieron tan arriesgada empresa para comprender la magnitud del movimiento de los peregrinos y de la influencia que Cluny imprimió en la construcción de una conciencia viva de la trascendencia de los Santos Lugares. Godofredo de Bouillón, duque de la Baja Lorena en aquellos años, de ningún modo pudo permanecer ausente a un fenómeno que —como acabamos de ver— afectaba directamente a sus dominios.

Otra cuestión verdaderamente significativa es que, aunque haya sido Urbano II quien pasó a la historia como el gran convocador de la primera cruzada, el llamado a liberar los Santos Lugares tiene un antecedente directo en Gregorio VII, autor de un documento del año 1076 cuyo texto preanuncia las Cruzadas.[10]

Gregorio VII era un producto surgido de Cluny; allí había profesado sus votos y su elección como papa modificó sensiblemente la marcha de la Iglesia. Su poder estaba directamente relacionado con el apoyo que recibía del movimiento cluniacense, que —como ya hemos visto— actuaba como su verdadero brazo político en contra del emperador Enrique IV.

Teniendo en cuenta este antecedente, resulta natural pensar que la idea de una recuperación de Jerusalén estuviese en los planes de los benedictinos de Cluny mucho antes del llamado de Urbano II, cuyo verdadero nombre era Odón de Lagerý, hijo de la noble familia de Chatillón. Al igual que Gregorio, había profesado sus votos en la abadía de Cluny, ante el mismísimo San Hugo en 1070. El Venerable había detectado su capacidad y su inteligencia y no tardo en convertirlo en prior para enviarlo luego a Roma. En 1078 fue nombrado cardenal y obispo de Ostia por Gregorio y más tarde nuncio en Francia y Alemania.

Cuando el papa Gregorio murió —con el antipapa Guilberto reinando en Roma— los cardenales leales eligieron como su sucesor a Víctor

[10] Jacques Heers, «*La Primera Cruzada*» Editorial Andrés Bello; Barcelona, 1997 p. 78-79.

III, elección que fue resistida por el Obispo de Ostia. Sin embargo, a la muerte de Víctor, Odón de Lagerý fue finalmente coronado papa, cumpliéndose lo que, para muchos, había sido el deseo de Gregorio. Luego del Cónclave de Terracina, en donde Odón tomo el nombre de Urbano II, el nuevo papa se abocó a la difícil tarea de recomponer el poder de Roma que había quedado reducido a los territorios normandos. La situación cambió hacia 1093, época en la que el emperador Enrique VI vio dramáticamente debilitado su reinado a causa de las disputas con su hijo Conrado.

Pero Cluny no sólo había creado la planificación de las peregrinaciones a Jerusalén, ni se conformaría con colocar al frente de la Iglesia a dos papas dispuestos a recuperar el Santo Sepulcro. Cluny fue la ideóloga, el estratega, el agente de propaganda y la conducción logística de la futura expedición. La convocatoria al Concilio de Clermont es una maniobra ejecutada con precisión por los cluniacenses, tan obvia que no ha podido ser ignorada por la historia. En efecto, Urbano II realizó un extenso viaje por Francia antes de llegar a Clermont, un viaje que lo llevó por los más importantes monasterios cluniacenses y catedrales de la región. En la última etapa llega a Cluny en donde es recibido con pompa y honores. Se trata del primer monje cluniacense que vuelve a su abadía madre luciendo la tiara papal. El día 25 de octubre de 1095 bendice el nuevo altar mayor de la abadía.

Allí se analiza y se traza la estrategia de la expedición. Dice Runciman: *«En Cluny conversaría con personas ocupadas en el movimiento de los peregrinos, tanto a Compostela como a Jerusalén. Le contarían de las insuperables dificultades por las que tenían que pasar ahora los peregrinos a Palestina a causa de la disgregación de la autoridad turca en aquellas zonas. Se le informó que no eran sólo las rutas a través del Asia Menor las que estaban cerradas, sino que Tierra Santa resultaba virtualmente inaccesible para los peregrinos»*[11]

[11] Runciman *ob. cit.* V.I. p. 112.

De su estadía en Cluny, dicen Pierre Barret y Jean-Noël Gurgand:

> *«El proyecto de expedición armada hacia el Oriente pertenece a la más profunda lógica de la política cluniacense; seguramente el abad Hugo, el papa y sus consejeros han reflexionado largamente, durante estas jornadas, en los argumentos que emplearían, en los hombres a los que deberían convencer y en los medios con los que constituir los tesoros de guerra...»*[12]

Cuando llegó a Clermont, el 18 de noviembre, a su lado estaba San Hugo el Venerable. La maquinaria cluniacense había preparado el terreno; el escenario fue una pradera cercana a la iglesia, cuya capacidad había sido rebasada por la gran cantidad de concurrentes.

*«¡Desgraciado de mí* —clamó Urbano— *si he nacido para ver la aflicción de mi pueblo, y la prosternación de la Ciudad Santa, y para permanecer en paz, que ella sea entregada en las manos de sus enemigos!» . Vosotros, pues, mis hermanos queridos, armaos del celo de Dios; que cada uno de vosotros ciña su cintura con una poderosa espada. Armaos, y sed hijos del Todopoderoso. Vale más morir en la guerra, que ver las desgracias de nuestra raza y de los lugares santos. Si alguno tiene el celo de la ley de Dios, que se una a nosotros; vamos a socorrer a nuestros hermanos. «Rompamos sus ataduras, y rechacemos lejos de nosotros su yugo». Marchad, y el Señor estará con vosotros. Volved contra los enemigos de la fe y de Cristo esas armas que injustamente habéis ensangrentado con la muerte de vuestros hermanos...».*[13]

Al día siguiente del llamado a la cruzada, el 27 de noviembre, Urbano, príncipe de los obispos, se sentó a delinear con el anciano Venerable Hugo cómo se llevaría a cabo el viejo anhelo: Jerusalén volvería a ser cristiana. Meses después la expedición ya estaba en marcha.

---

[12] Barret, Pierre y Gurgand, Jean-Noël; *«Si te olvidara, Jerusalén; La prodigiosa aventura de la Primera Cruzada»*; (Barcelona; Ediciones Juan Granica S.A., 1984) p. 4, 25 y ss.

[13] Guillermo de Tiro, *Histoire des Croisades*, I, Éd. Guizot, 1824, París, vol. I, pp. 38-45. Trad. del francés por José Marín R.

# Capítulo V

# Los cluniacenses en Jerusalén

## 1. El Defensor del Santo Sepulcro

Uno de los puntos más oscuros de la historia de la primera cruzada concierne a las circunstancias de la elección de Godofredo de Bouillón como su primer gobernante secular. Inmediatamente después de la caída de Jerusalén, acaecida el 14 de julio de 1099, se desató una febril discusión entre eclesiásticos y barones acerca de si la ciudad debía ser gobernada por un clérigo o uno de los líderes militares de la expedición.

La cuestión no era menor, puesto que lo que se decidía, en definitiva, era si el incipiente Reino Latino de Jerusalén debía ser un estado religioso o laico. La facción clerical aparecía gravemente debilitada. En primer término porque el legado papal, Ademar de Monteil, había muerto durante la expedición al igual que Guillermo, obispo de Orange. Otros hombres virtuosos habían quedado en el camino o ya ocupaban cargos en las ciudades conquistadas en la marcha hacia Jerusalén. Los que quedaban, Arnulfo, obispo de Marturano y Arnulfo de Rohens, apodado «*Malecorne*», eran sencillamente impresentables.

Existe consenso entre los historiadores en que la opción se redujo a dos candidatos: El duque Godofredo y el conde Raimundo. Las crónicas hablan de un grupo de «electores» cuyos nombres nunca se supieron, a los que se les encomendó la misión de evaluar profundamente los antecedentes de cada uno de estos grandes jefes. Estos hombres, luego de compulsar bajo juramento la opinión que los vasallos tenían de sus respectivos príncipes, decidieron de manera unánime ofrecer la corona de Jerusalén a Godofredo de Bouillón. Aceptó, pero pidió que lo llamaran con el título de «*Defensor del Santo Sepulcro*». ¿Quiénes eran estos hombres? No lo sabemos, pero debió tratarse de gente singular, puesto que lo que se elegía era al rey de Jerusalén.

Cabe resaltar la exasperación que ha causado a todos los historiadores la absoluta ausencia de datos en torno a cómo estuvo compuesto ese colegio electoral y cuáles fueron los procedimientos que realmente se emplearon para tomar la decisión final.

No parece haber dudas acerca de las virtudes del elegido. Las crónicas antiguas coinciden en esta cuestión. Jacques de Vitry escribía hacia fines del siglo XII: «*...eligieron por unanimidad como señor de la ciudad santa a Godofredo señor de Bouillón, caballero valiente, agradable tanto a Dios como a los hombres... Lleno de respeto por el Señor y humilde de corazón, no quiso ser llamado rey ni llevar corona de oro en el lugar donde el Señor había sido coronado de espinas para nuestra redención y para la salvación del mundo*»[1] Otro tanto decía Guillermo de Tiro, que en sus crónicas resalta las virtudes religiosas de Godofredo, señalando la incomodidad que a veces representaba para sus súbditos esperarlo con la mesa servida mientras él permanecía largas horas en profundo recogimiento y oración.

Su reinado duró apenas un año. Le alcanzó para infringir una derrota casi definitiva al «*almirante de Babilonia*», Al Afdal, frente a las murallas de Ascalón. En ese breve lapso fueron muchos los que —una vez cumplida su promesa de liberar el Santo Sepulcro— regresaron a Europa. Aun así batalló sin descanso, trató de conformar a todos y demostró ser un buen organizador. No estaba sólo «*...Había llevado con él monjes de claustro, hombres religiosos de valor, notables por sus santas obras, que*

[1] Jacques de Vitry; «*Historia de las Cruzadas*», Buenos Aires, Eudeba, 1991 p. 43.

*a lo largo de todo el camino, en las horas canónicas de día y de noche, celebraban para él los oficios…»*[2]

¿Por qué los cluniacenses eligieron a este hombre para reconquistar Jerusalén? ¿Por qué dejaron que fuese un jefe secular quien la gobernase? Como hemos adelantado, aquel hombre que salió de Lorena sabiendo que jamás regresaría, tal vez también supiera cual era su destino. Conquistó el Ombligo del Mundo, pero se negó a ser coronado rey. Murió de cansancio, inmerso en la oración, mirando la arena y recordando su infinita limitación humana: *«Memento, homo, quia pulvis es et in pulverem reverteris…»* Cuenta Alberto de Aix que su cadáver fue expuesto durante cinco días; luego, los hombres de Cluny, que lo habían acompañado desde Lorena, lo enterraron en la iglesia del Santo Sepulcro. Hasta principios del siglo XIX, al entrar se veía su sepulcro a la derecha y el de su hermano Balduino a la izquierda, muerto en 1017. Una losa prismática de mármol triangular cubría el sarcófago de Godofredo, sostenido por cuatro columnas. En una de sus caras se leía la siguiente inscripción:

> «Hic iacet inclytus dux Gottifridus de Bulión
> Qui totam terram istam
> Acquisivit cultui christiano
> *Cuius anima cum Christo requiescat. Amen»*[3]

En 1808 un incendio devastó la iglesia. Dicen que los griegos aprovecharon el caos, provocado por las llamas, para destruir los gloriosos monumentos erigidos sobre los sepulcros de ambos reyes latinos. Elocuentes testimonios de la conquista de Jerusalén por los latinos, muchos se apresuraron a consumar su desaparición junto con numerosas inscripciones que atestiguaban el derecho secular de los católicos a la legítima posesión de aquellos santuarios. Hay quienes creen que los restos se conservan ocultos o enterrados en algún ignorado sitio de la basílica.

---

2 Jacques Heers, *ob.cit.* p. 242. La cita corresponde a E. Roy, *«Les poèmes français relatifs à la première croisade»*, en *Romania*, 1929, t55, pp.411-468.

3 «Aquí yace, ínclito, el duque Godofredo de Bouillón, que ganó toda esta tierra para el culto cristiano, cuya alma descansa con Cristo. Amén».

Uno de los últimos viajeros de Occidente que alcanzó a ver aquellos cenotafios fue el vizconde de Chateaubriand: *«...No quise abandonar el sagrado recinto* —escribió entonces— *sin detenerme e inclinarme ante los monumentos funerarios de Godofredo y Balduino, que dan frente a la puerta de la Iglesia. Con respetuoso silencio saludé las cenizas de los reyes caballeros que merecieron hallar su descanso junto al gran Sepulcro por ellos libertado...»*

## 2. LAS LEYENDAS EN TORNO AL DUQUE GODOFREDO

De las muchas hipótesis que se han hecho en torno a Godofredo de Bouillón merecen analizarse algunos hechos que resultan, al menos, curiosos. El primero que surge con claridad es que, a diferencia de su hermano Eustaquio de Bolonia —que nunca demostró demasiado fervor por la cruzada— Godofredo actuó como si supiera que jamás regresaría a sus feudos en Lorena. Esta actitud se observa cuando se analiza la forma en que se desprendió de sus posesiones. O estaba seguro de su éxito o bien conocía un plan de vasto alcance que iba más allá de la expedición militar. Probablemente estaba en conocimiento de la magnitud del objetivo cluniacense de establecer con carácter definitivo un reino cristiano en Jerusalén.

La masonería del Rito Escocés Antiguo y Aceptado ha incluido en su tradición abundantes conjeturas en torno a Godofredo de Bouillón, particularmente en el Grado 18° denominado «*Caballero*» o «*Príncipe Rosacruz*». En los antiguos rituales del Gran Oriente Español, aún vigentes en algunas potencias masónicas latinoamericanas, se atribuye al propio Godofredo la creación de este grado, luego de su conquista de Jerusalén. Según esta versión Godofredo ingresa entonces en la Orden del Temple, que ya existía como resabio de antiguas tradiciones esenias y de cierto sincretismo con un cristianismo primitivo. En este caso el énfasis está puesto en el hecho de que esta Orden actúa como factor de vínculo y unidad de acción con otras escuelas iniciáticas, tanto islámicas como judías, cuyo objeto es el de restablecer la paz y la concordia entre las religiones cimentadas sobre la misma tradición bíblica.

Posteriormente, esta idea de una francmasonería superadora de las diferencias entre las grandes religiones monoteístas, reaparecerá con frecuencia. Del mismo modo, la leyenda insiste en el vínculo filosófico de las tres grandes religiones abrahámicas.

El grado 18° tiene profundas connotaciones en la francmasonería del rito escocés. Por un lado recoge elementos místicos y alquímicos propios de la tradición rosacruz; a su vez, se lo considera el grado cristiano por excelencia. El eje de su filosofía se asienta en un proceso de transmutación del espíritu mediante el cual el iniciado alcanza un nuevo nivel de conciencia. Es uno de los grados más románticos, con un enorme simbolismo hermético y ceremonias muy particulares —como los banquetes pascuales— que guardan un claro esoterismo cristiano. A él nos dedicaremos específicamente en el Capítulo VII.

Más recientemente se han atribuido a Godofredo otras tradiciones, muchas de las cuales son el resultado de la recreación de estas antiguas leyendas masónicas a las que se agrega todo el folklore propio del esoterismo moderno.

Se lo ha vinculado insistentemente con la casa merovingia que reivindicaba una descendencia sanguínea con la dinastía davídica y con el propio Jesús. También se ha pretendido que fundó una misteriosa Orden a poco de conquistar Jerusalén, emplazando sus cuarteles en los terrenos de una antigua iglesia Bizantina sobre el Monte Sión, en el lugar del Cenáculo donde Jesús y sus discípulos participaron de la Última Cena. Esta teoría, planteada por Michael Baigent, Richard Leigh y Henry Lincoln en «*El Enigma Sagrado*», sostiene que esta Orden —que luego se denominaría con el nombre de «*Priorato de Sión*»— tenía por objeto restablecer el reino de los merovingios desplazando el eje de la cristiandad desde Roma a Jerusalén convirtiendo a esta última en la capital de un nuevo imperio cristiano.

En este esquema, la creación de la Orden del Temple respondía a la necesidad de contar con un brazo armado de la supuesta restauración basada —como hemos dicho— en la legitimidad de las aspiraciones de Godofredo al trono de Jerusalén, sustentada en el origen merovingio de su linaje.

Como generalmente ocurre, en este tipo de literatura se aportan como pruebas y documentos algunos hechos importantes de rigurosa compro-

*Se pretende que Godofredo de Bouillón fundó una misteriosa Orden a poco de conquistar Jerusalén, emplazando sus cuarteles en los terrenos de una antigua iglesia Bizantina sobre el Monte Sión, en el lugar del Cenáculo donde Jesús y sus discípulos participaron de la Última Cena. Esta Orden —que luego se denominaría con el nombre de «*Priorato de Sión*»— tenía por objeto restablecer el reino de los merovingios desplazando el eje de la cristiandad desde Roma a Jerusalén convirtiendo a esta última en la capital de un nuevo imperio cristiano. (La abadía del Monte Sión en un grabado del siglo XIX).*

bación histórica junto a otros de dudosa compulsa o cubierta falsedad. El resultado de esta combinación suele ser una exitosa ficción basada en la atávica sospecha de la conspiración, pero a su vez un desgraciado planteo que culmina confundiendo la verdadera dimensión de los acontecimientos, apartando la verdad en aras de la confusión.

Según los autores mencionados hay que buscar el núcleo original del futuro Priorato de Sión en un esquivo grupo de monjes provenientes del sur de Italia que –sin causa aparente que lo justifique- se establecen hacia el año 1070 en la localidad de Orval, en el actual Luxemburgo belga, a pocos kilómetros del castillo de Bouillón, cerca de la tumba del rey merovingio Dagoberto II. Años más tarde —siempre de acuerdo con este relato— los monjes calabreses abandonan el lugar tan misteriosamente como habían llegado, marchando junto con Godofredo a la cruzada. Ya en Jerusalén asegurarían al duque el acceso al trono y fundarían aquella Orden secreta en el Monte Sión cuyo objetivo era velar por la restauración merovingia. Para ello deben encontrar y recuperar un supuesto tesoro, documento secreto u objeto místico escondido debajo del Templo de Salomón desde los tiempos de Jesús. Este pretendido secreto no es ni más ni menos que el Santo Grial.

El emplazamiento de la Orden del Temple en un sector del antiguo templo garantizaría el éxito de la búsqueda del tesoro perdido que, desde luego, otorgaría inmenso poder a quien lo encontrara.

Existe una diferencia fundamental entre la leyenda masónica en torno a Godofredo de Bouillón y la literatura moderna descrita. La francmasonería basa su «corpus» en un conjunto de símbolos. No hay una pretensión de verdad histórica en torno a sus leyendas, pues su sistema pedagógico se basa en enseñanzas veladas por alegorías. La cuestión se complica cuando —como ocurre en este caso— se pretenden sostener hechos de supuesto rigor histórico. Consideramos, por lo tanto, que no quedaría completo nuestro retrato de Godofredo de Bouillón sin un análisis de los puntos principales de estas teorías.

## 3. El misterioso emplazamiento de la abadía de Orval

La abadía de Orval aun existe y mantiene su prestigio como una de las más importantes de Bélgica. Sus monjes actuales trabajan bajo la regla trapense de «La Estricta Observancia» y su cerveza es famosa. Su vinculación con los monjes calabreses de la Orden de Sión no es la única curiosidad esotérica que se teje en torno a ella, pues allí estuvo hospedado largo tiempo Miguel de Nostradamus luego de que la peste matara a su primera esposa y sus dos hijos. Fue en Orval donde escribió sus primeras profecías.

Los trapenses han realizado investigaciones históricas en torno a los orígenes de su abadía, pero no han podido establecer la existencia de población alguna en el lugar antes de la llegada de los italianos. Hasta el momento, según sus propias conclusiones, sólo han sido descubiertas algunas tumbas merovingias en torno a su emplazamiento.

Estas mismas investigaciones confirman que un grupo de monjes provenientes del sur de Italia se estableció allí en 1070, que las tierras les fueron donadas por Arnauld de Chiny, señor del lugar y que inmediatamente se abocaron a la construcción de una iglesia y un convento. Los mismos trapenses confiesan que desconocen los motivos por los cuales estos pioneros se marcharon cuarenta años después. Luego de su partida, Otón de Chiny —hijo de Arnauld— estableció allí a un grupo de canónicos que completaron las obras iniciadas por los italianos. En 1124 se finalizó la construcción de la iglesia que fue consagrada por Henri de Winton, obispo de Verdún. Hacia 1132 la abadía quedó bajo la jurisdicción de la Orden del Cister, creada por San Bernardo, inspirador y protector de la Orden del Temple, la que le debe su propia Regla.[4] Fue destruida por la Revolución Francesa y reconstruida en 1926.

---

[4] Puede consultarse la historia de Orval en la página web de la propia abadía: http://www.orval.be/

*Ruinas de la antigua Abadía de Orval en el Luxemburgo Belga, muy cerca del castillo de Bouillón. Según algunas teorías surgidas en los últimos años, allí se instaló en el siglo XI un misterioso grupo de monjes provenientes de Italia, que luego marcharon a Jerusalén junto al ejército de Godofredo de Bouillón, considerándoselo como el núcleo fundador de la futura Orden de Sión.*

Una antigua leyenda cuenta que hacia 1076 la soberana de Orval era la condesa Matilde (también duquesa de Toscana). Quiere el relato que, estando sentada en el borde de una fuente de aguas claras, por un descuido, dejó caer en ella su anillo nupcial, recuerdo de Godofredo el Jorobado, su difunto marido. Desesperada por haber perdido esta joya, la condesa rezaba a la Virgen María con gran fervor. De pronto, apareció una trucha en la superficie del agua, devolviéndole aquella preciada joya. Asombrada por este milagro, la soberana gritó entonces: «*¡He aquí el anillo dorado que estaba buscando!, ¡Bendito sea el valle que me lo devolvió!, ¡A partir de ahora y para siempre, quiero que sea llamado Val d'or!*» Desde entonces aquel lugar tomo el nombre de «Valle de Oro» y su símbolo de la trucha y el anillo de oro se ha conservado hasta nuestros días. La fuente todavía alimenta de agua al monasterio y a su cervecería.

En la versión de Baigent, Leigh y Lincoln se atribuye a Matilde de Toscana la sesión de las tierras para la fundación de la abadía. Se afirma que Matilde era la madre adoptiva de Godofredo y que entre los calabreses había llegado el hombre que luego sería conocido como Pedro el ermitaño —impulsor fundamental de la primera cruzada— quien se convertiría en preceptor del joven conde de Bouillón. He aquí en donde comienzan a introducirse datos imprecisos o falsos. Veamos:

Cierto es que hacia 1076 Matilde de Toscana había enviudado. Su marido había sido nada menos que Godofredo el Jorobado, tío del futuro Godofredo de Bouillón. Sin embargo, Matilde no sólo no era madre adoptiva de su sobrino político sino que se opuso tenazmente a que este recibiera las tierras de su tío, tal como finalmente ocurrió, gracias a los esfuerzos de la propia madre de Godofredo, Ida de Lorena.

Cuando los monjes calabreses se establecieron en Orval, Godofredo tenía apenas nueve años. Las baronías de Bouillón, Mosay, Stenay y Verdún, junto con el ducado de Baja Lorena pertenecían entonces a Godofredo el Jorobado, que aun no había muerto. Por otra parte, la mayoría de las fuentes históricas —a excepción de la mencionada por los autores de *«El Enigma Sagrado»*— afirman que Pedro *«el ermitaño»* era un hombre proveniente de la Picardía (actual Normandía). Nada se menciona acerca de su tutoría sobre Godofredo, mientras que su desastroso desempeño en la llamada *«Cruzada de los Pobres»* —cuyo trágico final está ampliamente documentado— no se condice con el de uno de los jefes encargados de llevar a cabo el plan estratégico para una restauración monárquica merovingia.

Se cree que Pedro había peregrinado con anterioridad a Tierra Santa. Según Runciman, había nacido en algún lugar cerca de Amiens; al momento de iniciar la cruzada ya era un hombre mayor. Lo describe como»*...de poca estatura, de tez morena, de rostro alargado, magro, terriblemente parecido al burro que montaba... Iba descalzo, y sus hábitos eran* *mugrientos...»* Sin embargo, tenía un enorme magnetismo sobre el pueblo que lo siguió en gran número, dando lugar a una verdadera «*cruzada de los pobres*».[5]

Para la época que estamos analizando, el desplazamiento de monjes a grandes distancias con el sólo objeto de fundar abadías y monasterios era una practica corriente que cualquier medievalista reconoce; no es ningún misterio que tal cosa ocurriera y de hecho ha sido común en el apogeo de la Orden Cluniacense. Tampoco es particularmente significativo que la abadía de Orval haya sido fundada sobre tumbas o antiguos restos merovingios. Muchas de las grandes abadías del Imperio Carolingio fueron levantadas sobre las ruinas de edificaciones merovingias y de los antiguos campamentos romanos. Fulda era un terreno inhóspito cuando allí llega San Bonifacio. En el siglo VIII, en tiempos de Rabano Mauro aún se percibían las ruinas del antiguo fuerte merovingio.

No debe olvidarse que, en definitiva, los carolingios construyeron sobre los antiguos dominios de los reyes merovingios. Probablemente, jamás puedan determinarse las razones por las que estos hombres provenientes de Calabria eligieron las tierras de Orval tan cerca de Stenay, el lugar donde habría sido asesinado cuatro siglos antes Dagoberto II. En cuanto a la posibilidad de que estos monjes marcharan a Jerusalén resulta muy probable si se tiene en cuanta su cercanía al condado de Bouillón y la gran cantidad de monjes cluniacenses que acompañaron a Godofredo en 1096.

## 4. LOS CLUNIACENSES LLEGAN A JERUSALÉN

Hemos visto en los capítulos precedentes la importancia alegórica que el Templo de Jerusalén tenía para las logias establecidas en los monasterios

5 Runciman, *ob. cit.* V. I, pag. 117-119. Guillermo de Tiro cree que era oriundo de miens, pero sus orígenes son imprecisos.

benedictinos cluniacenses, por lo que resulta altamente significativa la presencia cluniacense —ampliamente documentada— en la cruzada. Es un momento muy particular de nuestro relato, puesto que junto a los ejércitos cruzados marchan los *fratres conversi* y los *fratres barbati* al lado de sus maestros benedictinos. Llegaban a Jerusalén para reconquistar el Templo del que habían leído en las obras de Beda y en la «*Glosa Ordinaria*» de Walafrid Strabón. Llevan en sus cofres los comentarios de los grandes exégetas benedictinos sobre el Templo de Salomón y los manuales de arquitectura de Vitrubio y Teófilo.

Conocían acerca de Hiram Abi y se inspiraban en los constructores del rey Hiram. Siglos después de la destrucción del Templo, estos nuevos obreros de Salomón regresaban al origen de su tradición.

Se cree que un importante número de maestros masones, en su mayoría monjes benedictinos, provenientes de Lorena, Borgoña, Auvernia y Provenza, —acompañados de un sinnúmero de auxiliares laicos— llegaron a Palestina con los ejércitos cruzados.

La arquitectura franca en Tierra Santa —desarrollada durante más de dos siglos de dominación cristiana— debe entenderse como un proceso complejo de adaptación de los arquitectos de estas órdenes benedictinas a las circunstancias de la guerra, a las necesidades de la defensa, a la influencia de tradiciones arquitectónicas muy arraigadas en la región —en especial la bizantina y la armenia— y a la creciente presencia y protagonismo de las órdenes militares.

La mayoría de los historiadores reconoce la fuerte presencia de los constructores cluniacenses en la arquitectura religiosa de los cruzados. Tal es el caso de la catedral de San Pablo, construida en Tarso hacia 1102, la primera erigida por los cruzados *«...de estilo románico, como las iglesias románicas del norte de Francia, pero con sus arcos apuntados...»*[6] y tam-

6 Runciman; *ob. cit.* Vol. III p.368.

bién el del complejo de la iglesia del Santo Sepulcro, consagrado en junio de 1149.[7] «*En general*» —dice Runciman— «*es probable que los arquitectos y artistas de todo el monumento fueran franceses, educados en la tradición cluniacense*».

Afirma también que algunas de las obras de los cruzados muestran un parentesco con las grandes iglesias de peregrinación de los cluniacenses que —como hemos visto, controlaban las rutas a Santiago de Compostela y a los Lugares Santos desde el siglo X— y agrega que «*...los cruzados tuvieron a su lado sus propios arquitectos, imbuidos de los estilos de Francia, sobre todo del provenzal y el tolosano...*»[8]

Sin embargo, los arquitectos francos pronto se vieron influidos por los constructores locales, aprendiendo de ellos nuevas técnicas que se trasladaron a Europa. Tal es el caso del arco apuntado, utilizado por los armenios. Prueba de ello es que hacia 1115, Ida de Lorena, madre de Godofredo de Bouillón, construyó dos iglesias que constituyen los primeros ejemplos de utilización del arco apuntado. Su primogénito, Eustaquio de Bolonia, recientemente regresado de Palestina, había traído consigo a los arquitectos que difundieron esta tendencia en suelo lorenés. Estas dos iglesias fueron construidas en Wast y Saint Wlmer, en Bolonia y su arquitectura recuerda las obras árabes. Por la misma época el arco apuntado ya aparece en Cluny.

Otro indicio del creciente intercambio entre constructores cluniacenses y palestinos lo encontramos en el «*Libro de Suger, abad de Saint Denis*», quien escribe a principios del siglo XII que «*...tenía la costumbre de conversar con los operarios* [venidos] *de Jerusalén y saber con alegría, por ellos que habían visto los tesoros de Constantinopla y los ornamentos de Santa Sofía, si estas cosas nuestras podrían parangonarse con aquellas y valer algo...*»[9]

---

7 *ibid.* p. 370.
8 *ibid.* p. 372.
9 «*Libro de Suger*» cap. XXXIII.

*Durante siglos, los benedictinos cluniacenses habían controlado las rutas de peregrinación a Palestina. Luego de la conquista de Jerusalén esta misión recayó en la Orden del Temple.* «Las Cruzadas» *fueron parte de un plan delineado por los líderes benedictinos de la Orden de Cluny para establecer un* Nuevo Orden *en el mundo medieval. (Grabado del siglo XIX que reproduce a un grupo de peregrinos llegando a Jerusalén bajo la escolta de los caballeros templarios.*

## 5. Los guardianes del Cenáculo del Monte Sión

Centraremos ahora nuestra atención en el Cenáculo del Monte Sión, lugar donde se afirma que fue creada por los monjes italianos la Orden homónima.

Actualmente, el edificio identificado como *Coenaculum* o Cenáculo —el lugar donde tuvo lugar la Última Cena— se encuentra bajo jurisdicción del Estado Israelí. Es una estructura de dos pisos dentro de un gran complejo de edificios en la cima del Monte Sión. El piso superior recuerda el lugar donde el Espíritu Santo descendió sobre los Apóstoles en Pentecostés, mientras que el inferior contiene un cenotafio que, desde el siglo XII, es considerado como la tumba de David. Bajo este complejo se encuentran cimientos cruzados, bizantinos y, más abajo, romanos. Se cree que el ábside ubicado detrás del cenotafio, que está en línea con el Monte del Templo, pudo haber sido la sinagoga mencionada por el Peregrino de Burdeos en el año 333, uno de los más antiguos relatos sobre los Santos lugares

En la tradición cristiana este sitio tiene una máxima significación, pues allí se han originado dos de los sacramentos: la Eucaristía y el Orden Sacerdotal. Por otra parte, fue allí donde Jesús se apareció a los Apóstoles el domingo de la resurrección; es el lugar donde se reunieron los apóstoles con María y donde descendió el Espíritu Santo. En ese mismo lugar fue elegido Matías para suceder a Judas. El solar también tiene una sugerente connotación política, pues fue la residencia de la denominada *Primitiva Iglesia Apostólica.* En efecto, allí fue consagrado Santiago el Menor como obispo de Jerusalén y elegidos San Esteban y los seis diáconos; de allí salieron también los apóstoles al separarse para ir a predicar el Evangelio por toda la Tierra.

Sobre el lugar de su emplazamiento la tradición ha sido unánime y no ha variado, tal como ocurre con el del Santo Sepulcro. Siempre se ha creído que el Cenáculo estuvo emplazado en el Monte Sión, a cien metros de la puerta que lleva el mismo nombre.

Refiere el obispo Epifanio, en el siglo IV, que el emperador Adriano visitó Jerusalén en el 131 y la *encontró «completamente arrasada excepto algunas habitaciones y la iglesia de Dios, que era pequeña, donde los discípulos, volviendo del lugar de la ascensión de Jesús al cielo, subieron al piso superior».*

De acuerdo a las investigaciones históricas, en la segunda mitad del siglo IV los cristianos bizantinos transformaron la pequeña iglesia original en una gran basílica que llamaron «*Santa Sión*» y «*Madre de todas las iglesias*», por su origen apostólico. Esta basílica fue destruida por los persas el año 614. Del Cenáculo sólo quedaban ruinas cuando los cruzados llegaron a Jerusalén.

Por orden de Godofredo —y esto debió suceder inmediatamente después de la caída de Jerusalén— sobre sus cimientos fueron construidos un monasterio cruzado y la iglesia de Santa María del Monte Sión y del Espíritu

Santo. Afirma Gebhardt —en su ya citada obra escrita en el siglo XIX— que una comunidad monástica fue establecida allí y que llegó a poseer importantes rentas con la obligación de mantener ciento cincuenta hombres armados para la defensa del Santo Sepulcro. Hacia 1106 visitó el Cenáculo un peregrino ruso llamado Daniel el Higumeo. En su diario de viaje describe los antiguos mosaicos bizantinos que aun perduraban entonces y que describían imágenes de la Ultima Cena, el descenso del Espíritu Santo sobre los Apóstoles y otros temas vinculados con la tradición allí reunida.[10]

También ordenó Godofredo la reconstrucción de la basílica de la Ascensión en el Monte de los Olivos. En el monasterio inmediato a la iglesia se constituyó una comunidad de monjes de la Orden de San Agustín que había reemplazado a los benedictinos que estableciera allí Carlomagno. Del mismo modo, organizó y dotó una comunidad de monjes negros cluniacenses junto a las ruinas de la iglesia de la Asunción de la Virgen, situada al pie del Monte de los Olivos, en el valle de Josafat, con la orden de proceder a su reconstrucción.

Al Santo Sepulcro le dedicó especial interés: Hizo reunir bajo un mismo complejo edilicio las antiguas iglesias construidas por el monje Modesto, devolviéndoles la antigua grandiosidad.

En cuanto al complejo monástico del Monte Sión, hacia el año 1219 el sultán Al Hakem ordenó su demolición, (probablemente como parte del programa de destrucción de las murallas y contrafuertes que rodeaban la ciudad) permaneciendo en pie solamente la capilla del Cenáculo con el cenotafio y tumba de David debajo. En el 1335 los Franciscanos recibieron en custodia y como propiedad, el santuario, erigiendo en el lado sur un pequeño convento cuyo claustro se puede visitar todavía. Junto al Cenáculo tuvo origen la Custodia de Tierra Santa, oficialmente instituida a favor de la Orden Franciscana en 1342. Pero

---

10 Khitrowo, Mme. B. de; «Itinéraires Russes en Orient» (Réimpressión de l'édition 1889; Osnabrück, Otto Séller, 1966

en 1552 los frailes fueron obligados a dejar el santuario en manos de los musulmanes.

Como si algo faltara, el 23 de marzo de 2000, en ocasión de su visita a Tierra Santa, S.S. el papa Juan Pablo II ofició en el Cenáculo del Monte Sión una misa privada. Ese día la Agencia Católica Internacional dio cuenta de la gran expectativa que este hecho había suscitado y expresó que *«...Los cristianos, y especialmente el Papa Juan Pablo II, quisieran que el Cenáculo, actualmente de propiedad del estado de Israel, volviera a ser un lugar de culto católico, debido a su importancia capital para la historia del cristianismo...»*[11]

## 6. EL EJÉRCITO DE CLUNY Y LA «*GUERRA JUSTA*»

Muchos enigmas permanecen inexplicables en la vida de Godofredo de Bouillón.

¿Por qué razón el más encarnizado enemigo de Gregorio VII terminó aliado a su política en contra del emperador Enrique IV? Creemos muy posible que el espíritu de Cluny haya obrado —como en tantos otros guerreros francos, bárbaros e incorregibles— el milagro de insuflarle una piadosa inspiración y una idea de «cristiandad» capaz de conmover su voluntad. Tal vez estaba convencido que el viejo sueño cluniacense de establecer un reino cristiano en Jerusalén era posible; por ello no le importó enajenar todos sus bienes, porque sabía que no regresaría.

¿Por qué recayó sobre él la corona de Jerusalén? Nunca lo sabremos, pero no parece haber dudas en cuanto a sus virtudes, a su entrega y a su fe: *«...No me ceñiré una corona de oro donde Jesucristo la llevó de espinas...»* Si los cluniacenses tuvieron control sobre la elección, todo indica que optaron por un estado secular en el enclave más sagrado en la historia del cristianismo.

Agotado, Godofredo dedicó el año que reinó en Jerusalén a consolidar la victoria cristiana; Su obsesión estaba en el plano militar; si hubiese

---

11 http://www.aciprensa.com/juanpabloii/viajes/tierrasanta/esp-tie2.htm

sido su objetivo asegurar una supuesta dinastía merovingia se hubiese preocupado por otros menesteres más gratos que la guerra. Ningún documento da cuenta de Orden alguna fundada por el duque Godofredo, sin embargo, empeñó sus esfuerzos en restaurar las antiguas iglesias y monasterios.

Sea lo que fuere lo que sucedió en Santa María del Monte Sión, allí hubo un cuartel ocupado por «ciento cincuenta hombres de armas» cuya misión no difiere de la que tendrían las órdenes militares que se fundarían en el futuro inmediato. Los guerreros del Monte Sión parecen haber existido como organización antes que los propios templarios.

Pero también aquí parece haber una explicación en las costumbres cluniacenses. Desde la época en que el espíritu de Cluny había acompañado la reconquista ibérica —especialmente la recuperación de Toledo en 1085— insuflando en los combatientes la idea de «guerra justa», era común que los monasterios congregaran *«milites»*, caballeros que adoptaban una vida de espiritualidad profunda y de oración. Esta práctica debe haber sido frecuente en Tierra Santa. La caballería tenía muchos puntos de contacto con las órdenes religiosas y su iniciación estaba plagada de simbolismo, rito y religiosidad.

Probablemente y de manera simultánea, varios grupos de guerreros se hayan constituido en torno a los monasterios cluniacenses y las grandes iglesias, tal como ocurrió con los caballeros del Santo Sepulcro o los del Monte Sión. Por la misma época, un grupo de hombres que respondían a Hugo de Payens, solía establecerse en las cercanías de un aljibe cercano a las puertas de Jerusalén en donde, con frecuencia, se sucedían los asaltos a los peregrinos. ¿Pudo haber sido este el comienzo de los templarios? No suena tan épico ni tan misterioso.

En este caso, la realidad resulta más atractiva que la leyenda. Godofredo y los demás jefes que integraron los ejércitos de la expedición armada a Tierra Santa crearon cuatro estados cristianos en el corazón del Islam: El Principado de Antioquía, el Condado de Trípoli, el Condado de Edesa y el Reino de Jerusalén. Recuperaron todos los lugares

Santos y establecieron una cultura cuyos últimos hijos ya no recordaban los colores ni los olores de Europa. Su mundo era «*ultramar*». Durante dos siglos resistieron la alianza musulmana de árabes, kurdos y turcos, alternando períodos de provechosa paz con otros de furibunda violencia. Como veremos, los templarios tuvieron un papel preponderante y contradictorio en ese vínculo con el Islam.

Puede decirse que quienes estaban detrás de Godofredo fueron los cluniacenses, los arquitectos de Europa, los que construyeron la alegoría de un Imperio Cristiano en el corazón político y religioso de su mundo: Jerusalén.

Para ello necesitaban de masones capaces de erigir iglesias, monasterios, castillos y ciudades. Y un ejército. Cuando los hombres de armas comenzaron a retornar a sus tierras en Europa se convencieron de que había llegado el momento de crearse uno propio. Nació entonces la Orden de los Pobres Caballeros de Cristo del Templo de Jerusalén y la de los Caballeros Hospitalarios. En cualquier caso, cuando Ramsay se refirió a «nuestros ancestros los cruzados», fijó su mirada en aquel lejano momento en el que cluniacenses, masones y monjes guerreros formaron la más temible y eficaz alianza cristiana. Una alianza que, sin dudas, él soñaba restaurar.

Mientras esto sucedía, la masonería benedictina daba paso, lentamente, a las futuras corporaciones de constructores laicos.

# Capítulo VI

# Los constructores de catedrales

## 1. Las guildas medievales

El mundo que vio nacer a las primeras logias de masones libres estaba sumergido en profundas transformaciones. Durante el siglo XII, mientras en Oriente los cruzados construían un nuevo reino cristiano, en Occidente las logias de constructores libres comenzaban a esparcirse.

El gran cambio que sufre la sociedad medieval del siglo XII tiene como fenómeno central el resurgimiento de las ciudades. El nacimiento de la ciudad medieval está directamente relacionado con los orígenes de la francmasonería, por cuanto «*la logia*» es un producto urbano y su existencia se origina y fortalece paralelamente al desarrollo de la burguesía. El icono más representativo de esta transformación es la catedral y aunque en ella convergen esfuerzos provenientes de distintos estamentos de esta nueva sociedad emergente, la logia es la «*fábrica de la catedral*». La imagen del francmasón ha quedado definitivamente vinculada al fenómeno catedralicio.

En medio de esta transformación, las corporaciones de albañiles y canteros —que habían surgido como consecuencia de las grandes construcciones abaciales del arte románico, acompañando a los contingentes de monjes cluniacenses en las rutas de peregrinación— desarrollaron una estructura que los agrupaba y a la que denominaron «logia».

Estas estructuras se convirtieron en depositarias de un conocimiento de naturaleza misteriosa. Sus integrantes fueron los primeros en comprender el poder que encerraban los números, las formas y las proporciones. En las catedrales que construían podían experimentar con tensiones y empujes, calcular posiciones astronómicas, combinar las luces y los colores en las vidrieras, fijar imágenes en los relieves y establecer los símbolos de una nueva civilización de piedra.

La movilidad de los maestros masones, que se desplazaban de obra en obra, pronto permitió un profundo intercambio de ideas y de tradiciones, una conjunción de «espiritualidades» que constituyeron la particularidad de la francmasonería.

## 2. Los secretos del «arte»

Este valor agregado es el que terminaría marcando la diferencia entre las logias masónicas (los *free stone masons*) y las corporaciones de oficios atadas al control territorial de los municipios. A diferencia de estas últimas, las logias agrupaban artistas y artesanos cuyo carácter itinerante los colocaba fuera del alcance municipal, pero principalmente de la vigilancia estricta de la Iglesia.

La principal característica de los hombres que integraban estas sociedades era su condición de hombres libres. No estaban sometidos a vasallaje ni se encontraban bajo ninguna forma de servidumbre o esclavitud. Su condición de miembros de la logia dependía, sin embargo, de un juramento que prestaban ante la autoridad comunal que confería «patente» al gremio itinerante.

Esta reglamentación primitiva mediante la cual los integrantes de una logia se comprometían a respetar las reglas del oficio se desarrolló hasta alcanzar una gran complejidad. No se trataba sólo de la práctica que correspondía al oficio, sino también de una moral con características propias, tal como la encontramos en las primeras constituciones masónicas, en particular los manuscritos «*Regio*» de 1390 y «*Cook*» de 1420.

Georges Duby, describiendo el carácter laico de casi todos los artistas a partir del siglo XII en adelante, señala que «...*Estaban organizados en gremios muy poderosos y muy especializados. Sustitutos del grupo familiar, estas corporaciones representan para ellos un refugio, facilitan los traslados de ciudad en ciudad, de obra en obra y en consecuencia, los encuentros, la formación de los aprendices, la difusión de las técnicas. Se muestran también, como todos los cuerpos cerrados, tradicionales, dominados por los más ancianos que no confían en las iniciativas individuales, pero ya en el siglo XIII existían cofradías de albañiles y orfebres...*»[1]

Este conjunto de maestros de la piedra, la madera y el metal se constituyeron en gremios capaces de construir moles de piedra de carácter extraordinario. Durante la edad de las catedrales, junto a la construcción de todo edificio importante, se observaba otra obra más pequeña. Esa otra construcción era la logia. En algunos casos era precaria y transitoria, pero en otros tuvo un carácter tan permanente que ha llegado a nuestros días. Todavía hoy se puede visitar la logia de los masones de Estrasburgo, construida junto a la catedral hacia 1240 (circa).

En el transcurso de los siglos, desde sus orígenes benedictinos hasta el creciente intercambio técnico con los constructores de Medio Oriente y Bizancio, las logias fueron adquiriendo un profundo conocimiento técnico, no exento de un nexo creciente con corrientes espirituales de carácter esotérico. Sin embargo, la catedral gótica no fue sólo la aplicación de un conocimiento técnico y organizativo altamente desarrollado. Fue la expresión de la teología y la cosmología medieval reflejada en la piedra.

Esta suerte de «saber reservado» requería de una iniciación, un «*rito de pasaje*» mediante el cual el profano se comprometía a guardar el secreto

[1] Duby, Georges «La Época de las Catedrales» (Madrid, Ediciones Cátedra, 1993) pág. 191.

del «arte», a la vez que ingresaba en una dimensión superior del «conocimiento». Paul Jonhson define claramente esta cuestión del «secreto de oficio» cuando dice:

> *«...Todos los artesanos medievales tenían secretos relativos a sus oficios, pero los masones eran decididamente obsesivos con los suyos, dado que asociaban espiritualmente los orígenes de su corporación con el misterio de los números. Tenían desarrollada una idea pseudo científica en torno a los números, las proporciones y los intervalos, y memorizaban series de números para tomar sus decisiones y trazar sus líneas. Como en el antiguo Egipto —otra cultura de piedra tallada— ellos tenían una tradición de «taller» muy fuerte y reglas establecidas para casi cualquier contingencia estructural... Transmitían sus conocimientos oralmente y los aprendían de memoria, bajando al papel lo menos posible. Los manuales de construcción no existieron hasta el siglo XVI.*[2]

La comparación con Egipto es adecuada, pues la cantidad de piedra que se movilizó en Europa durante la Edad Media, supera ampliamente a la que se utilizó en Egipto en toda su historia. De igual modo, la arquitectura es, esencialmente —y al igual que en el antiguo Egipto— la puerta de acceso a lo sagrado.

## 3. ¿CORPORACIÓN GREMIAL O ESCUELA INICIÁTICA?

Reunidos en estructuras gremiales poderosas, y capaces de desarrollar técnicas complejas, los hombres que integraban estas logias tenían una formación particular y una posición estratégica en la sociedad.

En un mundo donde el hombre estaba atado a su lugar de nacimiento, los masones conformaban una vasta red que unía todo el Occidente cristiano con las rutas que llevaban a los nuevos reinos de Siria. No se trataba sólo de un intercambio técnico, como pudo ser el caso del «arco armenio» que influiría en el desarrollo del gótico. El contacto con el

---

[2] Johnson, Paul; «*Cathedrals of England, Scotland and Wales*»;. (Londres, Weidenfeld & Nicolson, 1993). pp. 134 a 138.

cristianismo oriental era un retorno a las raíces de la Iglesia Cristiana Primitiva, diferente de la que se había desarrollado en el Sacro Imperio Romano Germánico. Medio Oriente era un lugar de misterios, en donde las religiones del Libro confluían en sus matices, su misticismo y su saber oculto. Los sufíes, los derviches, los herejes drusos, los coptos con sus textos gnósticos y hasta los «assasin» del Viejo de la Montaña —siempre sospechado de tratos secretos con los templarios— formaban parte del escenario por el que transitaban, iban y venían los masones en sus viajes a Oriente.

Incluso, en más de una ocasión, obreros calificados de aquellas culturas habían sido traídos a Occidente por los grandes abades para embellecer sus abadías e instruir a los maestros locales. ¿Cómo no imaginar el profundo intercambio espiritual entre hombres que consideraban a su oficio como sagrado?

Sin embargo, es necesario comprender que sólo eran un eslabón en la estructura que hizo posible la construcción de las grandes catedrales y la expansión del gótico.

En primer lugar, la catedral es la «Iglesia del Obispo» y por lo tanto la iglesia de la ciudad. El arte de las catedrales significó, ante todo, el renacimiento de vida urbana, el gran florecimiento de las ciudades, centro de la vida económica, de la riqueza, de la actividad espiritual y artística.

En segundo lugar, los orígenes de este arte no pueden ser solo atribuidos a un proyecto original de estas corporaciones. El gótico es un arte real que se consolida en momentos de ascendente prestigio de la monarquía, en pleno proceso de la unificación territorial de Francia y la decadencia del poder feudal. Por lo tanto podemos pensar que las principales formas de este arte fueron concebidas en un estrecho círculo de prelados cerca del trono, en un reducido y desahogado medio, vanguardia de la investigación intelectual.[3]

¿Cuál es entonces el papel de las logias en este proceso?

3 Duby, Georges; *ob.cit.* pag. 100.

La catedral se construye bajo la dirección del Obispo. Habitualmente, la dirección real recae bajo la responsabilidad del capítulo catedralicio —integrado por prelados y también por laicos, principalmente grandes comerciantes— que, bajo la autoridad del obispo tiene como principal función la financiación de la obra, pero también la de contratar, establecer y controlar la «fabrica» (el «opus», la «logia») que tendrá a su cargo la construcción.

Esta logia, si bien se establece adjunta al capítulo catedralicio posee personería jurídica propia. Tiene a su cargo la administración, las finanzas y la contratación de los maestros directores de obra. En algunos casos es también quien contrata a los arquitectos proyectistas. Rinde cuentas ante el capítulo periódicamente; su contratación puede ser temporal o vitalicia; en algunos casos hasta es propietaria de sus propias canteras (tal el caso de la logia de la catedral de Estrasburgo). Es la responsable, en su papel administrador, de la contratación del personal y también del «salario» de cada oficial y de cada aprendiz para lo cual llevará una exacta contabilidad.

A ella se ingresa mediante un juramento, tal como hemos visto, y como surge de todos los estatutos y documentos de la corporación que han llegado hasta nuestros días. En el posterior desarrollo de estas logias primitivas convergen factores tan disímiles como lo son las vicisitudes propias del devenir histórico y la transformación interna que sufren en la medida que al simple cálculo de empujes y contrafuertes se agrega la discusión espiritual y filosófica, o dicho en otras palabras: a la construcción material se suma la construcción espiritual.

Lo cierto es que a mediados del siglo XV, ya las encontramos dirigidas por un maestro asistido por una suerte de Consejo en el cual cualquier masón encontraría los rasgos definitivos de su propia identidad.

Si observamos que la actuación y desarrollo de estas logias primitivas está intensamente asociada no sólo a la construcción de las grandes catedrales, sino también con las escuelas que se desarrollaron alrededor de aquéllas, su importancia cobra una nueva dimensión. Pues es en el seno de estas escuelas donde nacieron, entre otras cosas, el germen de la «ratio», el pensamiento científico y la construcción filosófica.

Aquellas edades no se han olvidado. No mientras se mantengan erguidos los monumentos que atestiguan la profunda humanidad de quienes los construyeron, tanta piedra arrancada a las canteras, tantos esfuerzos en el acarreo de miles de toneladas a través de caminos envejecidos —apenas senderos ganados a la hierba en lo que otrora habían sido las grandes rutas de Imperio— ecos lejanos de voluntades unidas en el amor a Dios. ¿Cómo saber qué sentimiento real inundaba el corazón de tantos hombres y mujeres? Nos preguntamos una y otra vez —sin encontrar respuesta—, ¿qué energía misteriosa podía mover a un hombre para realizar una obra que sólo podía imaginar porque nunca la vería terminada?

No hay respuesta desde nuestra cultura, desde nuestra urgencia, desde nuestro utilitarismo. ¿Cómo saber acaso qué conciencia de sí mismos y de su trabajo tenía aquella gente?

Preludio del burgués, el maestro masón se asimila a la parte prevalente — «*valentior pars*»— del pueblo, es un integrante de aquella voluntad ciudadana a la que Isidoro define como los «*maiores natu*», los mayores de edad: el Pueblo, o mejor dicho, la parte prevalente de la que están excluidos los siervos, las mujeres, los niños y los forasteros. Comparte este privilegio con otros artesanos, en especial con los herreros y los carpinteros, cuyo linaje bíblico les confiere la misma aureola de misterio que rodea al que conoce «la piedra». Aunque cristianos, su oficio sabe de ancestros precristianos y aun prediluvianos.

También integran esa parte prevalente otros destacados ciudadanos: los carniceros y los panaderos, los teñidores y los mercaderes, los fabricantes de cuchillos montaraces y los refinados artesanos que hacen saetas. Todos ellos conforman la delicada trama de «hombres libres» cuyo poder crece lenta, imperceptiblemente, en una sociedad férreamente tripartita: los que hacen la guerra, los que oran y los que trabajan. Reflejo social del orden trinitario que rige el Orbe, cuyos cimientos terminarán mortificando hasta provocar su colapso. Se abren paso entre los pliegues de un esquema social que no los ha previsto: No son hombres de armas, ni administradores de la voluntad divina, ni siervos encorvados con su cerviz inclinada hacia la tierra. Sin embargo se vuelven necesarios como la sangre misma que alimenta todo el organismo.

Se podría decir que esta clase incipiente de burgueses —aun lejos de la poderosa burguesía renacentista— constituye el germen sobre el que crece y se expande el proceso de secularización. En efecto, en la concepción de Marcilio de Padua sobre el «*Estado Laico*», gravita la valoración prepotente del pueblo. No se trata del vulgo, sino de aquella «parte prevalente» de la que ya hemos hecho referencia, y en la que el artesanado conforma una porción esencial.[4] Si se quiere buscar el germen revolucionario de la francmasonería, este se encuentra en la conciencia de las corporaciones medievales, siempre proclives a la libertad que les da su «secreto», su «logia» y su «saber esotérico».

En los capítulos anteriores hemos visto la etapa en la que estos oficios se reorganizaron y crecieron al calor de las grandes abadías, como una consecuencia casi natural de la demanda de mano de obra. La aparición de los hermanos conversos y los barbados no respondía a otra cosa que a una necesidad de los monjes que construían Europa.

Ahora, resuelto el enigma de la herencia alegórica, de la organización primaria de las logias, de los signos y los significados, nuestra atención vuelve al punto de partida:

Al hombre, al masón que posee el secreto de su oficio; que se adueña de sus herramientas —símbolo de su precaria libertad—; que construye los andamios (machinas) a los que debe su nombre (machiones); que trabaja por un salario que le paga el castellano o el capítulo que construye la Catedral, o la comuna que fortifica las murallas de la pequeña ciudad. Tareas que, para algunos, representarán el esfuerzo de toda una vida, mientras que para otros el salario no será tan sencillo ni seguro.

---

[4] Marcilio de Padua; «*Defensor Pacis*», I, XII, 3.

A los que no hallan lugar en alguna obra magna les esperan los caminos interminables buscando una obra nueva, o una logia necesitada de maestros, o pequeñas construcciones temporales que le permiten apenas sobrevivir con su familia durante el invierno en el que las obras se paralizan porque se congela la argamasa.

El propio proceso social y la creciente importancia de la urbe ya habían hecho necesario el traslado de la misa desde la iglesia abacial a la episcopal. La Catedral era ahora la casa del «*episcopus*» y la demanda de artesanos ya no estaba en los lejanos campos feudatarios del monasterio sino en la ciudad en la que se comenzaba a consumir —y comerciar— la producción agraria. Poco, muy poco tiempo fue necesario para que toda una nueva clase de herreros, carpinteros y albañiles se declarase libre de los abades. Si aquellos primeros conversos habían aprendido el oficio de los monjes, estos otros lo habían heredado de sus padres, junto con sus herramientas, sus fraguas, sus talleres.

Muy poco tiempo, en el que la movilidad de las gentes se había acelerado a niveles desconocidos en los siglos precedentes: los caminos de peregrinación se poblaban de penitentes, de mercaderes, de cruzados, de artesanos, saltimbanquis y ladrones, de fantásticos narradores, de caballeros y bufones, soldados y embajadas, prostitutas y prometidas, templarios con sus cruces rojas, hospitalarios con las suyas blancas, judíos de la diáspora y herejes con sus miradas esquivas, monjes llevando libros en sus alforjas para ser canjeados en otros escritorios, esclavos sarracenos traídos de la Tierra Santa por sus nuevos señores... Occidente ya tenía entonces todo lo que necesitaba.

El masón en el que ahora debemos poner la atención ya no vive en los monasterios; su alimentación no sale de las cocinas benedictinas, no reconoce autoridad más que la de aquel que le paga, aunque su libertad sigue estando jaqueada por el poder, por la soberbia del señorío, por la autoridad del hombre de armas, por la férula eclesiástica omnipresente, amparada por el brazo secular. Es sólo una libertad incipiente, endeble, cuyo precio muchos han de pagar con el sufrimiento y hasta con la vida.

¿Qué han heredado de sus antiguos patrones benedictinos? Un cuerpo de doctrina religiosa constituido por alegorías que apuntan a una regla de moral, a una visión sublimada del acto de construir, a una conciencia identificada con el imperio de las fuerzas espirituales del pensamiento católico. No hay «*escuela iniciática*» en esa etapa de la masonería, pero se insinúa. Los libros en los que estos masones abrevan su doctrina y sus conocimientos son escritos por religiosos, pero las logias comienzan a reunir, lentamente, la «*otra*» literatura.

Permanecen dependientes de la doctrina católica hasta fines del siglo XIV, lo cual dice a las claras que trescientos años después de la liberación de los conversos, estos aún no han desarrollado un «*corpus*» propio. No existe una doctrina masónica. Existen patronos provenientes de la fe cristiana, una moral anclada en los antiguos documentos benedictinos y muchos usos y costumbres que se remontan a las épocas de las logias cluniacenses. La masonería del siglo XIV es aun cristiana y trinitaria.

Así lo atestiguan los antiguos documentos, las constituciones y manuscritos considerados liminares por la historiografía masónica. Pero cabe aquí advertir que no se trata de un cristianismo coyuntural. Se trata de una cuestión de base: No existe un substrato esotérico tras una pátina cristiana, ni se oculta un arcano hermético tras la apariencia trinitaria. No hay aquí resabios platónicos, ni siquiera paganos, mucho menos egipcios. La alegoría que prepara el camino a la futura leyenda masónica es cristiana.

La francmasonería primitiva no sólo participa del fenómeno de la fe religiosa sino que está en su propio centro. No es ecuménica sino católica; sus Santos Patronos son hijos de la Santa Iglesia y su dogma trinitario rinde culto a Nuestra Señora, la madre del Verbo encarnado —devoción de la que también hacían culto los Caballeros del Temple—. Basta citar un fragmento de dos de los documentos liminares más famosos de la francmasonería —el Poema «*Regio*» (1380 circa) y los Estatutos de los

Canteros Alemanes (1459 circa)— para convencernos de su carácter trinitario:

> *«...Roguemos ahora al Dios Todopoderoso, y a su Madre, la Dulce Virgen María, para que nos ayuden a observar estos artículos y estos puntos en todas sus partes, como lo hicieron otras veces los Cuatro Coronados, santos mártires que son la gloria de la comunidad...»*
>
> *«... En el nombre del Padre, del Hijo y del Espíritu Santo y de la Gloriosa Madre María; y a la memoria de los Cuatro Santos Coronados, sus bienaventurados servidores etc.»*

Lo cierto —y lo asombroso— es que esa participación de la masonería primitiva en la fe católica, no la privó de un profundo conocimiento hermético cuyos orígenes —muy lejos de Roma y las grandes abadías europeas— habría que buscarlos en Alejandría, Jerusalén, Antioquía y en los grandes santuarios del oriente mediterráneo; un conocimiento cuyas huellas emergen copiosamente de la piedra tallada.

El simbolismo hermético impregnado en la piedra de las catedrales, tan bellamente descrito por Fulcanelli, abre profundas dudas acerca de un temprano conocimiento esotérico en aquellos arquitectos y artistas que las construyeron. Pero la ciencia histórica, frente a esta etapa, no posee otra prueba que la piedra misma.

Es en la piedra donde hay que leer, y de la que surge una historia sin nombres ni sucesos cronológicos. Solo una obra colectiva cuyo significado humano y a la vez cósmico, nos excede y nos abruma. Es por ello que el gran interrogante pendiente de respuesta en la historia de la francmasonería es el que se plantea en torno al cuándo y al cómo las logias fueron impregnadas del profundo esoterismo que ha llevado a muchos a proclamarla como heredera de esos antiguos misterios.

Pues, esa otra espiritualidad que sí tiene rasgos iniciáticos, flota en el aire, permanece latente en muchos enclaves europeos. Proveniente de Oriente Medio ha ido diseminando sus gérmenes en órganos vitales del antiguo Imperio Cristiano. Posee fuertes reductos en España y

Provenza, en donde los judíos han podido establecer pequeñas escuelas de Cábala. Persiste larvada en la herejía de los cátaros del Languedoc. Los árabes han hecho lo suyo y se sospecha que han corrompido a los templarios. El Corpus Herméticum golpea una y otra vez sobre el tejido cristiano y termina perforándolo el día en que Marcilio Ficino lo traduce y esparce para toda una generación de espíritus inflamados por una nueva clase de misticismo racional. Ya nadie hablará de Fe: Cornelio Agrippa, Pico de la Mirándola y Giordano Bruno hablan de ciencia, de una nueva ciencia capaz de clasificar espíritus, perseguir a Dios hasta su última morada y comprender las claves que explican al Universo infinito. Van por los ángeles, creen poder encadenarlos. Mefisto es obligado a presentarse ante Fausto. Los grimorios enseñan cómo someter a los genios. Paracelso cría homúnculos en las rémoras de su laboratorio y los dominicos persiguen a las brujas en un intento desesperado por frenar el descontrol.

Surgen entonces contradicciones e interrogantes: ¿Dónde se origina este contacto? ¿En qué momento esta corriente hermético-alquímica desarrolla el modelo de masonería iniciática que separará a la corporación masónica del resto de las corporaciones de oficios?

El fenómeno catedralicio —que es el eje de la actividad de los masones operativos— conforma la red primaria del nervio social, psíquico y espiritual que modela la sociedad urbana incipiente. La catedral es el libro en el que leen los pobres, pero es también la clave de un conocimiento preservado y reservado a los iniciados; es el refugio de los desamparados, pero también la casa del obispo; es el punto de celebración del carnaval, pero a la vez el reflejo fulgurante de la Jerusalén Celeste. Hay entonces en el fenómeno catedralicio una dualidad que debe abordarse y comprenderse. Es el símbolo de esa construcción colectiva del Templo a la Virtud que los masones erigen a la Gloria del Gran Arquitecto del Universo.

*Gremio de masones medievales trabajando en la construcción de una catedral.*

En un aspecto sociológico y político, la construcción de la catedral es la proyección de un nuevo orden social. *«...En la Edad media —dice Von Martin— podía trabajarse en una obra colectiva cualquiera, una catedral, la casa del Consejo, y aun siglos, pues se vivía dentro de una comunidad y para ella, dentro de una continuidad de generaciones...»*

Perseguidos en la actualidad por la urgencia de un progreso individual que todo lo eclipsa, nos resulta en extremo difícil concebir una organización humana dedicada a preservar en la piedra un mensaje que encierra la clave de los antiguos misterios. Del mismo modo nos resulta aun más inconcebible asumir que estos hombres comprometían su vida entera en la construcción de la sociedad que integraban. Sin embargo, para ellos, desde el único lugar que podía sobrevenir la plenitud de su realización individual era desde la «*polis*» y dentro de ella, desde la comunidad que integraban.

El restablecimiento de las ciudades trajo consigo el restablecimiento de la «polis» como modelo de comunidad desarrollado en el mundo clásico. *«...En el mundo occidental* —dice Raimon Panikkar— *todos sabemos que para Aristóteles, Platón, Virgilio, Lucrecio, la plenitud del hombre incluía como plenitud total y personal la política. La política pertenecía a la salvación. Sin polis no puede existir un ser humano verdaderamente como tal: sin política no hay salvación...»*[5]

Pero la obra colectiva debe ir acompañada del trabajo individual que, en el lenguaje masónico se encuentra simbolizado en el desbaste de la Piedra Bruta. Puente entre el mundo material y el mundo espiritual, la catedral es la puerta que conduce a la Jerusalén Celeste, alegoría espiritual del reconocimiento de nuestras limitaciones humanas y del deseo de alcanzar un mundo ideal donde imperen el bien, la paz y la virtud. La catedral representa, como ninguna otra cosa, el Orden so-

[5] Panikkar, Raimon; «*El Espíritu de la Política*» pág. 23. Agrega Panikkar *«...El zoon politikon de Aristóteles quiere decir que el hombre no es hombre sin política; por eso la religión pertenece a la política y la política pertenece a la religión...»*.

cial que Dios ha imaginado para el hombre, y a la vez, el orden universal que el hombre medieval ha imaginado y proyectado en Dios. Como en el atanor del alquimista, en el interior de la catedral el puro se eleva al mundo de los ángeles y el impuro participa de la obra colectiva de la redención.

Cuando George Duby habla de la pedagogía de masas —refiriéndose al mensaje inserto en las piedras de las catedrales— está leyendo en los únicos documentos que estos hombres han dejado al juicio histórico: las propias catedrales. Apenas unos pocos planos de la época tardía, herramientas... utensilios. Pero ni un solo documento que describa el plan, ni siquiera que sugiera la existencia de uno. ¿Es todo este simbolismo hermético la base de la masonería esotérica? ¿Quién lo introdujo? ¿Cómo se transmitía?

Fue entonces cuando, en el horizonte, la aurora rosacruz brilló como el preludio la masonería especulativa.

# Capítulo VII

# La «Tradición Iniciática» y la francmasonería

## 1. De la masonería operativa a la francmasonería especulativa

Hacia la segunda mitad del siglo XVI, la francmasonería inglesa comenzó una etapa de transformación, tanto en su forma como en su espíritu. El arte gótico fue paulatinamente remplazado por el arte y la arquitectura italianos. Esta creciente influencia del denominado «*estilo de Augusto*», habría de producir profundos cambios en el modo de concebir la arquitectura por parte de los francmasones ingleses.

Pero el cambio más importante se estaba operando subterráneamente en el corazón de las logias como consecuencia de la creciente presencia de miembros honorarios, o «masones aceptados» en el seno de los talleres. ¿Qué sucedía en la francmasonería inglesa por aquellos años?

En 1558, apenas asumido su reinado, Isabel I (1558-1603) reimplantó una antigua ordenanza que impedía la reunión de asambleas ilegales o de asociaciones secretas, bajo pena de acusar de rebelión a quienes participaran de tales actos.

No era la primera vez que en Inglaterra se promulgaban ordenanzas que prohibían la actividad de gremios de artesanos. Desde 1360 existen antecedentes acerca de la prohibición de juramentos o asambleas secretas en las corporaciones de oficio, prohibiciones de las que, obviamente, no estaban exentos los francmasones. En 1495 se había prohibido a los obreros y artistas el comunicarse por medio de palabras y toques secretos.

Pero ya en 1548, las corporaciones de francmasones habían logrado cierta libertad para ejercer el oficio en todo el territorio de Inglaterra pese a la reticencia de algunas ciudades, como Londres.

Con Isabel se planteaba un retroceso en este sentido, a tal punto que, el 27 de diciembre de 1561, la reina intentó disolver una asamblea de masones de la ciudad de York, reunidos con el objeto de celebrar la fiesta solsticial. Desde tiempos remotos, los masones solían reunirse en una fecha cercana al solsticio de invierno, coincidente con la festividad de San Juan a fin de elegir a sus autoridades y tratar los asuntos de la corporación.

La represión pudo ser impedida por la acción del Gran Maestre, lord Thomas Sakville, quien le garantizó a la reina, con su presencia, la lealtad de los asambleístas. Se atribuye justamente a Sakville haber incentivado a muchos hermanos a viajar a la península itálica y es posible que esta actitud se debiera a un intento por revertir la decadencia de la actividad arquitectónica en Inglaterra.

En la medida en que el interés por la arquitectura italiana crecía entre los ingleses, más y más masones emprendían viajes de estudio a Italia, país del que retornaban, trayendo consigo el fruto del aprendizaje y la investigación. Pero también las nuevas ideas filosóficas que habían surgido en el Renacimiento Italiano, vinculadas con tradiciones herméticas, mágicas y cabalísticas.

Este conjunto de ideas se denominó genéricamente «*filosofía oculta*». Francis Yates lo describe como un sistema de conceptos construidos con elementos del hermetismo en la visión del filósofo Marcilio Ficino, más la influencia de una versión cristianizada de la cábala judía, cuyo principal exponente fue el gran Pico de la Mirándola.[1] Estas ideas tuvieron profundo impacto en la francmasonería, donde fueron introducidas por la creciente incorporación de *«masones aceptados»*.

## 2. La tradición hebrea en la masonería

Podemos dividir la tradición masónica en tres grandes ciclos que aparecen en épocas diferentes. La primera y más antigua es la tradición noaquita o antediluviana; la segunda es la salomónica y corresponde al ciclo de Hiram Abí y la construcción del Templo de Salomón y la tercera es caballeresca, neotestamentaria y cristiana.

Las dos primeras trasuntan una gran influencia de la cábala hebrea. Los documentos masónicos medievales, sobre los que ya hemos hecho referencia, contienen citas que remontan la tradición a tiempos antediluvianos. Esto ha dado lugar a una masonería *«noaquita»* que refiere a Noe y —por lo tanto— a los tiempos anteriores a la revelación mosaica. Algunos grados y órdenes masónicas mantienen esta tradición noaquita, como la *«Orden de los Marineros del Arca Real»*, y los grados 13° y 21° del Rito Escocés Antiguo y Aceptado, denominados *«Real Arco»* y *«Caballero Noaquita»* respectivamente.

Noe, al igual que Hiram Abí, es un constructor. El Arca es equivalente al Templo y ambos recuerdan la Alianza establecida con Dios. Estos mismos manuscritos —por caso el ya mencionado Cook— dicen que los hijos de Lamec grabaron todas las ciencias en dos columnas ancestrales a fin de que se salvaran del Diluvio. A Jabel, su primogénito, se le atribuye haber inventado la geometría y creado la masonería.

El mencionado grado 13° *«Real Arco»* rescata una leyenda similar y atribuye a Enoch el haber grabado el nombre de Dios en una piedra triangular de ágata —llamada «delta»— con caracteres o símbolos que lo

1 Yates, Frances A.; *«La filosofía oculta en la época isabelina»* (México, Fondo de Cultura Económica, 2000) p. 11.

representaban a fin de preservarlo de la catástrofe. Mas como nadie conocía su pronunciación la dejó explicada por medio de jeroglíficos en una columna de mármol, mientras que en otra de bronce grabó los principios científicos de su época. El delta fue colocado en la novena cámara subterránea de una serie de nueve.

Luego del Diluvio la piedra de mármol se destruyó, y el delta quedo oculto debajo de las bóvedas, razón por la cual ningún hombre pudo conocer el nombre de Dios.

El ciclo salomónico aparece posteriormente y recibe gran parte de su andamiaje alegórico del movimiento benedictino. Ya hemos mencionado a los exégetas hebraístas que desarrollaron el ciclo legendario acerca del Templo de Salomón; su tradición sigue siendo veterotestamentaria. El templo masónico es una representación de aquel y los personajes centrales corresponden a las figuras de los protagonistas de su construcción: Salomón, rey de Israel; Hiram rey de Tiro; Hiram Abí, príncipe de los arquitectos; Adoniram, gran Intendente del Templo, etc.

Todas las palabras «*sagradas*» y «*de paso*» establecidas en las distintas órdenes y grados masónicos son de origen hebreo, por cuanto la Cábala —que en cierta medida es la ciencia de las letras y las palabras— puede aportar luz sobre sus significados simbólicos.

El tiempo masónico se mide por el calendario hebreo que corresponde a la «*verdadera luz*» mientras que en la masonería capitular la letra hebrea *Iod* o su equivalente *G*, inicial del nombre de Dios en el mundo anglosajón, preside el Oriente del Templo.

## 3. Pico de la Mirándola y la Cábala Cristiana

La Cábala fue introducida en Europa por los judíos en la Edad Media, aunque se cree que también puede hablarse de grupos de cabalistas diferenciados de otras sectas y vertientes alrededor del año 1200. La palabra hebrea *kabbalá* se traduce habitualmente como «tradición» y hace referencia a una enseñanza, conocimiento o sabiduría de lo «oculto» que fue recibida por Moisés en el Monte Sinaí y transmitida de boca en boca. A diferencia de la Torá —que es la revelación escrita— la cábala en una tradición oral.

El texto más antiguo de estas doctrinas es el Sepher Yetzira o «*Libro de la Creación*», atribuido a Abraham, pero que aparece, en opinión de Gershom Scholem, en el siglo III o IV de nuestra era y al que define como un ensayo teórico sobre los problemas de cosmología y cosmogonía.

La Cábala propone un sistema de conocimientos basado en el estudio esotérico del Antiguo Testamento y el Talmud, mediante el juego de tensiones, combinaciones y transliteraciones de las letras y las palabras. Para los cabalistas, cada letra del alfabeto hebreo es una emanación de la propia divinidad y guarda el poder que le ha otorgado el Creador. Por otra parte, propone un esquema denominado «*Árbol de la Vida*», constituido por diez esferas o «*sephirot*» que emanan de la divinidad desde la primera manifestación de Dios (Keter o «Corona») hasta el plano terrestre (Malkut o «Reino»). Entre estas diez esferas o atributos de Dios se establece ese juego de tensiones que afecta tanto al Universo como al hombre, pues el mismo esquema puede aplicarse a cualquier escala y rige como modelo de orden en cualquier estructura.

Las principales escuelas de Cábala aparecen en España y Provenza en el siglo XIII y encuentran su máxima expresión con la aparición del Sepher ha Zohar o «*Libro de los Esplendores*», obra que se atribuye a Moisés de León y que fue muy difundida en su tiempo. Es considerado el texto que más ha influido en la tradición esotérica judía y una de las obras literarias más importantes de la Edad Media.

Si bien ya aparecen rasgos de una Cábala con sesgo cristiano en Raimundo Lulio (1235-1315) —quien probablemente los recibiera de la Escuela de Provenza, ligada a la herejía cátara— el padre de la Cábala cristiana es Pico de la Mirándola (1463-1494), un noble italiano de familia principesca, que sufrió la persecución de la Inquisición, institución que consideraba a la filosofía cabalista como una terrible herejía.

Tuvo como maestro a Elías el Mendigo, un sabio judío que lo inició en los secretos del Sepher Yetzira y el Zohar hacia 1480. Fue discípulo de Marcilio Ficino, el más importante e influyente difusor del hermetismo en el Renacimiento Italiano. Por entonces, los conocimientos considerados «*científicos*» provenían de antiguos textos árabes y griegos que comenzaban a ser estudiados por numerosos filósofos. La Astronomía, la Alquimia y las Ciencias Naturales estaban contenidas en obras que reunían la observación empírica, el conocimiento mágico y las antiguas tradiciones esotéricas de Oriente con un incipiente intento de «demostración científica».

Pico de la Mirándola quiso reunir todas las claves de este conocimiento para lo cual escribió su famoso texto «*Conclusiones Mágicas y Cabalísticas*» que contiene novecientas conclusiones cuyo objeto era ser debatidas por los grandes estudiosos de la época. Para ello, Pico financió un encuentro en Roma invitando a los más relevantes sabios de Europa.

En un principio, el papa Inocencio VIII sólo condenó trece de las novecientas conclusiones, pero ante la defensa esgrimida por Pico, decidió condenar las novecientas en bloque. Sus trabajos se difundieron rápidamente por el continente. En Alemania, paralelamente, Jean Reuchlin (1455-1522) publicó «*Acerca del Arte Cabalística*» y, posteriormente apareció el tratado de «*Filosofía Oculta*» de Cornelio Agrippa, considerado como un verdadero manual de iniciación a la Cábala.

No sabemos con precisión en que momento se introdujeron las doctrinas cabalísticas en la francmasonería. Pero se puede afirmar que durante la Baja Edad Media se produce un profundo intercambio en el contexto de un «*espacio esotérico europeo*» —como lo denomina Pere Sánchez Ferré— en el que confluyen a lo largo de siglos, un número creciente de monjes y clérigos imbuidos de judaísmo talmúdico, entre los que sin dudas hay numerosos masones.[2] En ese mismo espacio convergen la Orden del Temple y las logias operativas que construían las catedrales en estrecho contacto con los círculos cabalísticos de Praga, Ámsterdam, Narbona, Toledo y Gerona.

Estas mismas ideas se introdujeron en Inglaterra en la época isabelina e influyeron profundamente en las logias masónicas en la medida que estas eran penetradas por elementos «*especulativos*». La influencia de la Cábala en la masonería se perpetuará a través del Rito Escocés Antiguo y Aceptado, consecuencia de los ritos y tradiciones llevados a Francia por los masones estuardistas exiliados en el siglo XVIII.

## 4. La tradición escocesa

Una segunda circunstancia actuó como factor acelerador de estos cambios en la antigua tradición masónica: A la muerte de Isabel I, ocupó el trono Jacobo IV Estuardo, que era hijo de María Estuardo y rey de Escocia desde 1567, que reinaría en Inglaterra con el nombre de Jacobo I (1603-1625). A partir de entonces la situación de los francmasones cambió radicalmente, no sólo porque el nuevo monarca dio un revitalizado impulso al arte de la construcción sino porque su relación con la masonería era particularmente estrecha. Tanto, que la dinastía que fundó influyó definitivamente en la masonería moderna y, muy especialmente, en el desarrollo que la Orden tendría en Francia, lugar en el que germinó con fuerza la semilla de la masonería «*escocesa*».

Es necesario precisar esta cuestión.

Mientras que en la Inglaterra isabelina del siglo XVI la francmasonería operativa se encontraba en una franca decadencia, no ocurría lo mismo con la escocesa, cuya situación era muy diferente. En primer término porque en Escocia los grandes monasterios habían sido reconstruidos muy

[2] «*La Puerta, Retorno a las fuentes tradicionales: Cábala*» (Barcelona, Ediciones Obelisco, 1989).

poco tiempo antes de la Reforma, razón por la cual las logias escocesas se encontraban aun con gran actividad. En segundo lugar, porque los masones escoceses tenían una tradición propia que remontaban a la abadía de Kilwinning, fundada por monjes benedictinos en el siglo XI, en la que funcionó la más antigua logia de Escocia.

Según esta tradición, a la abadía llegaron numerosos caballeros templarios que habían huido de Inglaterra luego de la abolición de su Orden. Estos fugitivos se refugiaron en el Mull de Kintyre en tiempos en que el futuro rey de Escocia, Robert Bruce, intentaba liberar a su país de la dominación inglesa. La rebelión escocesa se había iniciado con William Wallace, pero fracasó por las disputas internas de la nobleza. Muerto Wallace, Robert Bruce asumió el liderazgo y se enfrentó al ejército de Eduardo II en la batalla de Bannockburn, librada el 24 de junio de 1314.

La tradición masónica afirma que los templarios hicieron una alianza con Robert Bruce y constituyeron la caballería de su ejército, actuando como un factor sorpresa que no había sido previsto por los ingleses. Luego de la batalla y en agradecimiento a los servicios prestados, el rey escocés estableció la Orden de San Andrés del Cardo a fin de que en ella ingresaran los templarios.

No obstante ello, muchos templarios optaron por asimilarse a la logia de la abadía de Kilwinning, fundando un nuevo ciclo al introducir las tradiciones que traían consigo de Oriente Medio.

En 1440 Jacobo II de Escocia puso a los francmasones bajo el patronato de William Saint-Clair, barón de Rosslyn, arquitecto de renombre, que había dedicado ingentes esfuerzos a la organización de las cofradías de constructores. Era descendiente de una antigua familia, cuyos orígenes se remontaban a los tiempos de la conquista normanda de Inglaterra. Se cree que el primer barón Rosslyn fue Henry Saint Clair, quien marchó a la primera cruzada con el contingente normando.

En reconocimiento a los esfuerzos de William, Jacobo II lo nombró Gobernador y Patrono de la Confraternidad de los Masones de Escocia, cargo que le otorgó con carácter hereditario y a perpetuidad. Este acto sirvió para unificar las logias de Edimburgo y de toda Escocia con la antigua Logia Madre de Kilwinnig.

Ese mismo año, William comenzó a construir en Rosslyn una capilla que constituye uno de los más grandes enigmas en la relación entre masones y templarios. Se trata de un Templo muy particular en el que abunda todo tipo de simbología masónica y templaria y que ha sido motivo de profundo estudio por importantes investigadores. Se pretende que reproduce un fragmento del muro oeste del Templo de Herodes y que el propio plano de la capilla responde al de aquel.

La capilla es considerada una joya del arte gótico y existe una leyenda singular en torno a su construcción. Cuentan que cuando el arquitecto vio los planos de la obra que debía realizar, se sintió incapaz de iniciarla. Decidió entonces viajar a Roma a fin de estudiar allí algún modelo que se le asemejara. Grande fue su sorpresa al regresar y constatar que, en su ausencia, un atrevido aprendiz masón había emprendido y culminado la construcción de la capilla. Preso de la ira, tomó un martillo y lo mató, cayendo el desdichado al pie de una columna de singular belleza que, a raíz de este incidente tomo el nombre de «*Pilar del Aprendiz*».

El arquitrabe que une al Pilar del Aprendiz con el contiguo lleva una inscripción en latín: «*Forte est vinum. Fortior est rex. Fortiores sunt mulieres. Semper omnia vincit veritas*» cuya traducción es «*Fuerte es el vino. Más fuerte es el rey. Más fuertes son las mujeres. A todos supera la verdad*». Recientemente, Robert Lomas y Christofer Knight —autores de *El Segundo Mesías*— han creído encontrar una relación entre esta frase y un antiguo ritual correspondiente al grado de «Caballero de la Cruz Roja de Babilonia» en el cual existe un parlamento similar.[3]

Las dos columnas, Jakim y Boaz, ocupan un lugar destacado en la capilla de Rosslyn y hay quienes aseguran que posee los secretos para descifrar

[3] Knight, Christopher & Lomas, Robert; «*El Segundo Mesías*» (Barcelona, Planeta 1998) p. 59.

el grado de «*Compañero Real Arco*», de la «*Orden de los Masones del Santo Real Arco de Jerusalén*», una de las órdenes masónicas más importantes asociada al Rito York. Sin embargo, y más allá de cualquier conjetura, llama poderosamente la atención un grabado en piedra en donde aparece claramente la figura de un templario conduciendo a un «candidato» a ser iniciado según la usanza masónica.

Esta escena reúne elementos inconfundibles para cualquier masón: El candidato, que es conducido por un caballero templario a través de dos columnas, lleva sus ojos vendados y tiene una soga en el cuello; en sus manos porta una Biblia. La imagen es tan impactante que resulta muy difícil negar en ella una asociación entre ambas tradiciones, la templaria y la masónica en 1440, ¡más de un siglo después de la abolición del Temple!

Durante mucho tiempo los sectores más agnósticos de la francmasonería consideraron que este vínculo sólo podía existir en valentla imaginación de los que habían creado los Altos Grados de la masonería escocista. El grabado de Rosslyn parece desmentir esta descalificación e introduce varias preguntas inquietantes: ¿Existía aún activa la Orden del Temple ciento treinta años después del martirio de su último Gran Maestre? ¿Eran estos elementos templarios los que introdujeron los ritos iniciáticos en la francmasonería escocesa tal como parece reflejar el grabado de Rosslyn?

Veremos más adelante la importancia que tuvo la tradición templaria en la masonería estuardista del siglo XVIII.

En el año 1736, el último barón Rosslyn, carente de un hijo varón que lo sucediera, renunció al cargo y al derecho hereditario de su familia sobre el patronazgo de la masonería. Inmediatamente se convocó a una gran asamblea que se constituyó en la Gran Logia de Escocia. Se decidió entonces que a partir de allí, la Gran Maestría recayese en el propio rey pero, en el mismo acto, fue ratificado el barón de Rosslyn para que siguiese siendo Gran Maestre hasta su muerte.

## 5. El factor Rosa Cruz

En el año 1614, mientras en Inglaterra se aceleraba el ingreso de masones especulativos a la corporación, Alemania se vio sorprendida por la publicación de un libro. En Cassel, editada por Wessel, vio la luz la primera edición de la *«Fama Fraternitatis»* y con ella irrumpió en el mundo un nuevo mito: La Hermandad de la Rosa Cruz.

Esta nueva cofradía, supuestamente integrada por adeptos capaces de curar, de dominar a las fuerzas de la naturaleza y de poseer los antiguos secretos de las escuelas de Oriente, se presentaba ante el mundo luego de haber permanecido en secreto durante dos siglos. Europa, sacudida por las guerras de religión y fascinada por el redescubrimiento de las antiguas filosofías, la recibió con expectativa y no poca ingenuidad.

La primera parte del manifiesto está dedicada a un análisis de la situación del mundo y al planteo de una reforma general en el orden religioso, político y social. Se sostiene que las iglesias no son el marco excluyente de la salvación sino que ésta es consecuencia del esfuerzo individual, de la purificación del corazón y de un impulso de naturaleza mística. Establece puntos de encuentro entre la antigua tradición judía, *«...la que heredó Adán después de la caída y que practicaron Moisés y Salomón...»* y las doctrinas esotéricas del mundo clásico: *«...Lo que establecieron Platón, Aristóteles o Pitágoras; lo que confirmaron Henoch, Abraham, Moisés y Salomón; allí donde la Biblia coincide con el Libro de las Maravillas...»*

Luego trata acerca de la organización de la Fraternidad y describe la historia de su fundador, quien es presentado en un principio sólo con las iniciales C. R.

La leyenda pretende que este misterioso personaje nació en 1378 en Alemania. Su familia era de origen noble pero muy pobre, por cuanto a la edad de cuatro años fue entregado a una abadía en la que recibió una buena educación y aprendió las lenguas antiguas. A los dieciséis años partió a Palestina, acompañado de una suerte de tutor, pero éste muere en Chipre, momento en que Christian Rosenkreutz —tal el nombre de nuestro peregrino— decide continuar su viaje en soledad. Enfermo, llega a Arabia, en donde recibe un conocimiento arcaico de sabios árabes. Estos hombres, que aparentemente lo estaban esperando, le comunican los secretos de la naturaleza y de las ciencias y le permitieron traducir al latín el misterioso libro «*M*».

Luego emprende un viaje por el golfo arábigo y recala en Egipto; recorre el Mediterráneo hasta llegar a la ciudad de Fez, en Marruecos, donde ciertos «*habitantes elementales*» le encomiendan la misión de transmitir la sabiduría recibida durante su largo viaje y fundar una sociedad secreta. Pasa a España y luego se retira del mundo durante cinco años. Finalmente, se hace de tres fieles discípulos de los que sólo sabemos sus iniciales Estos le juran fidelidad y redactan una serie de conocimientos según el dictado de su maestro.

Un año después de aparecida la «*Fama Fraternitatis*», fue publicada una segunda obra llamada «*Confessio*». Apareció simultáneamente en Cassel y Frankfurt. A poco de comenzar el texto, el autor asume la defensa de la «*fraternidad*» y lanza un ataque frontal contra la Iglesia Católica y el papa. Reivindica el cumplimiento de lo establecido en la «*Fama Fraternitatis*» como medio de salvación. Anuncia la aparición de «*nuevas estrellas*» en las constelaciones de Orión y el Cisne *«...Signos vigorosos de acontecimientos nuevos e importantes...»* y describe la existencia de una escritura secreta de carácter extraordinario pero incomparable con *«la lengua de nuestro primer padre Adan, ni tampoco con la de Enoch, ya que todas ellas están sepultadas bajo la confusión babilónica...»*

Se introducen aquí dos elementos que serán asimilados rápidamente por la tradición masónica: la «*palabra perdida*» y, nuevamente, la existencia de un conocimiento antediluviano vinculado a Enoch, cuya presencia en el grado del Real Arco del Rito Escocés Antiguo y Aceptado ya hemos comentado.

El tercero y último de los manifiestos rosacruces alemanes apareció en Estrasburgo en 1616 y es de naturaleza diferente al de los dos anteriores. Describe un episodio sucedido en la vida de Christian Rosenkreutz cuando ya era un anciano. A lo largo de siete jornadas es sometido a una serie de duras pruebas, tanto de naturaleza física como espiritual, que sirven de marco para desplegar un complejo sistema de símbolos vinculados a la alquimia.

*Se cree que el autor de los manifiestos rosacruces del siglo XVII fue el alquimista y filósofo alemán Valentín Andreae, líder de la ortodoxia luterana, nacido en la ciudad de Harremberg en 1586 y muerto en 1654. (Retrato de Valentín Andreae).*

Sobre el autor de estos tres documentos se han suscitado toda clase de conjeturas; sin embargo la más firme parece ser la que los atribuye al alquimista y filósofo alemán Valentín Andreae, líder de la ortodoxia luterana, nacido en la ciudad de Harremberg en 1586 y muerto en 1654. Su padre era un pastor luterano y su tío Jacob un célebre teólogo a quien se llegó a llamar «el segundo Lutero». El clima anticatólico de los documentos en cuestión se explica, en parte, por esta filiación.

De su vida se sabe que estudió en Tubingia y que fue uno de los más sabios hombres de su tiempo, adquiriendo un profundo conocimiento de las ciencias y de las lenguas clásicas. Su apego al estudio era tal que, en más de una ocasión, su salud corrió serio peligro a causa del esfuerzo que realizaba. Viajó por gran parte de Europa y tomó contacto con muchas de las sociedades secretas que por entonces florecían en las grandes ciudades. El propio Andreae llegó a sugerir que era el autor de tales documentos, sin embargo, lamentablemente, muchos creyeron a pies juntilla la historia de Christian Rosenkreutz y entonces, lo que había sido imaginado como una alegoría, se convirtió en un torrente de órdenes y fraternidades rosacruces cuya saga no termina aún a cuatro siglos de su aparición. Francis Yates va más lejos y afirma que Valentín Andreae hizo grandes esfuerzos para dejar bien sentado que Christian Rosenkreutz y su fraternidad eran ficticios.[4]

En 1622 apareció París empapelada con un manifiesto que anunciaba la llegada a la ciudad de los misteriosos hermanos de la Rosa Cruz, y así sucedió con el resto de Europa en los años siguientes. Grupos autotitulados rosacruces aparecerían por todas partes. En 1617, Robert Fludd (1574-1637) publicó en Inglaterra un tratado en el que defendía la seriedad de la sociedad de los rosacruces y muchos creen que fue él quien introdujo las ideas rosacruces en la francmasonería inglesa.[5]

---

[4] Yates, Frances; «*El Iluminismo Rosacruz*» (México, Fondo de Cultura Económica 2001) p. 255.

[5] Godwin, Joscelyn; «*Robert Fludd, Claves para una teología del Universo*» (Madrid, Editorial Swan 1987) p. 24.

*El padre de Andreae era un pastor luterano y su tío Jacob un célebre teólogo a quien se llegó a llamar «el segundo Lutero». El clima anticatólico de los documentos en cuestión se explica, en parte, por esta filiación. (Retrato de Jacob Andreae).*

Al aparecer en Inglaterra los tres manifiestos rosacruces, se produjo un gran revuelo a causa del clima que se vivía como consecuencia de las guerras que libraban católicos y protestantes. En medio de la polémica, Fludd salió en defensa de la fraternidad y, de paso, solicitó ser admitido en ella. Si a John Dee (1527-1608) se le atribuye haber introducido la Cábala cristiana en Inglaterra, fue sin dudas Fludd el hombre que contribuyó a expandir las doctrinas rosacruces.

Ambas escuelas se complementarían en Inglaterra y, juntas, producirían profundas influencias en la francmasonería. Afirma Francis Yates que la filosofía de la Cábala cristiana es sumamente afín a la filosofía rosacruz, tal como la formulan los manifiestos rosacruces y Robert Fludd. Para Yates, es posible comprender mejor el fenómeno rosacruz si se lo relaciona con la Cábala cristiana introducida en Inglaterra en tiempos de Isabel I.[6]

Se cree que Fludd tuvo un vínculo estrecho con Iñigo Jones —Gran Maestre de los masones de Londres— y que participó del círculo más íntimo de la dinastía Estuardo en sus comienzos. Desde allí impulsó el rosacrucianismo francmasónico cuya expresión más cabal sería recogida por la tradición escocesa estuardista y daría nacimiento al grado de «*Caballero Rosacruz*».

## 6. Los rosacruces y la francmasonería

La primera referencia indirecta de la relación entre rosacruces y masones aparece en un poema editado en Edimburgo en 1638, que en una de sus estrofas dice:

*Porque somos hermanos de la Rosa Cruz*
*Tenemos la palabra del masón y una segunda vista,*
*Podemos predecir correctamente las cosas que vendrán...*

---

6 Yates, Frances; «*La filosofía oculta en la época isabelina*» p. 263.

Aunque confuso, el texto parece referirse a los poderes mágicos de los rosacruces, entre los que aparece la «*palabra del masón*». Ya hemos visto que en la masonería primitiva se menciona la «*pérdida*» del idioma original, circunstancia que aparece reiteradamente en el simbolismo masónico moderno y que se encuentra también en la Cábala hebrea. Pero es en el grado 18° del Rito Escocés Antiguo y Aceptado en donde esta cuestión aparece con más claridad.

Allgemeine vnd General
REFORMATION,
der gantzen weiten Welt.
Beneben der
FAMA FRATERNITATIS,
Deß Löblichen Ordens des Rosenkreutzes / an alle Gelehrte vnd Häupter Europæ geschrieben:
Auch einer kurtzen RESPONSION, von dem Herrn Haselmeyer gestellet / welcher deßwegen von den Jesuitern ist gefänglich eingezogen / vnd auff eine Galleren geschmiedet:
Jtzo öffentlich in Druck verfertiget / vnd allen trewen Hertzen communiciret worden.
Gedruckt zu Cassel / durch Wilhelm Wessell /
ANNO M. DC. XIV.

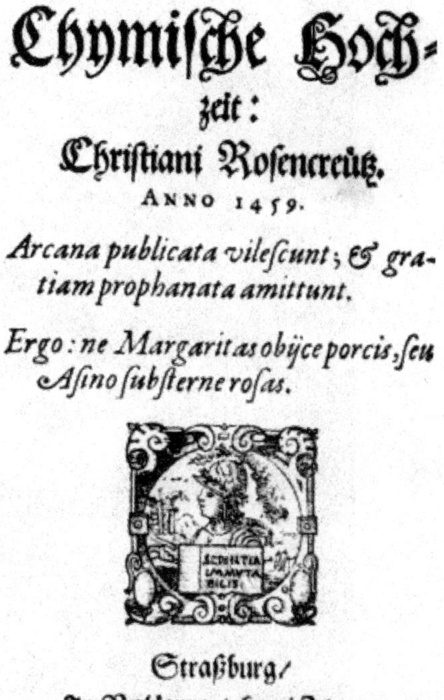
Chymische Hochzeit:
Christiani Rosencreütz.
ANNO 1459.
Arcana publicata vilescunt; & gratiam prophanata amittunt.
Ergo: ne Margaritas obÿce porcis, seu Asino substerne rosas.
Straßburg / In Verlägung / Lazari Zetzners.
Anno M. DC. XVI.

*Los manifiestos rosacruces sacudieron a Europa y crearon una enorme expectativa en torno a los sabios «*Hermanos de la Rosa Cruz*». Estos documentos influirían decisivamente en la evolución de la francmasonería, principalmente en Inglaterra. (Portada de la edición original de la «*Fama Fraternitatis*») y (Portada original de «*Las Bodas Químicas...*»).*

*Al aparecer en Inglaterra los tres manifiestos rosacruces, se produjo un gran revuelo a causa del clima que se vivía como consecuencia de las guerras que libraban católicos y protestantes. En medio de la polémica, Fludd salió en defensa de la fraternidad y, de paso, solicitó ser admitido en ella. Fludd fue el hombre que contribuyó a expandir las doctrinas rosacruces entre los masones ingleses. (Robert Flud según un retrato de Matteus Merian, fines del siglo XVII).*

En la apertura de los trabajos, los vigilantes anuncian a los caballeros: «*Venimos a buscar la palabra perdida y con vuestra ayuda esperamos encontrarla...*» Gran parte de la ceremonia de ascenso a este grado gira en torno de esa búsqueda y su punto culminante es su hallazgo. Los trabajos se cierran a la hora en que «*...la palabra sagrada fue hallada, cuando la piedra cúbica se transformó en rosa mística...*»

También en el Rito de Kilwinning –uno de los más antiguos- aparece la piedra cúbica sobre la que se coloca una rosa marchita. De igual modo que en el rito anterior, los caballeros lamentan la destrucción del Templo y marchan a un lugar desolado y oscuro en busca de la palabra perdida. Un antiguo ritual de 1887 dice que cuando la palabra perdida ha sido encontrada, «*...el hombre recobra los derechos de su antiguo origen y la naturaleza se yergue...*»[7]

Es posible que esta tradición ya estuviese presente en la masonería inglesa a la llegada de los manifiestos rosacruces y que las tradiciones referentes a la pérdida de la palabra sagrada fueran introducidas con anterioridad por los cabalistas cristianos, de modo que las primeras sociedades rosacruces creadas en Inglaterra encontraron la «*palabra del masón*» en coincidencia con su propia tradición.

El primer documento impreso que prueba el vínculo entre masones y rosacruces es un opúsculo masónico del año 1676 que dice: «*...Se avisa que la Asociación Moderna del Listón Verde, junto con la Antigua Hermandad de la Rosa Cruz, de los Adeptos Herméticos y de los Masones Aceptados, tienen la intención de cenar todos juntos el próximo 31 de noviembre...*»[8]

Treinta años antes, un hombre estrechamente vinculado al movimiento rosacruz, Elías Ashmole (1617-1692) era iniciado en la región del Lancashire: El propio Ashmole describe en su diario personal que fue admitido a una logia masónica en Warrington el 16 de octubre de 1646, en el que agrega una lista de personas iniciadas en la misma época.

---

7 «*La Puerta*», *ob.cit.* p. 107.

8 Yates, «*El Iluminismo…*» p. 260.

Este testimonio es de enorme valor por cuanto es considerado el más antiguo documento privado que describe las circunstancias de la iniciación de un individuo en la francmasonería. Y no se trata de cualquier individuo. Ashmole fue un anticuario que coleccionó antiguos manuscritos y dedicó su vida al estudio de la Cábala, la Alquimia y la Astrología. Fue uno de los 114 miembros fundadores de la Real Sociedad y en su colección de documentos puede hallarse una traducción al inglés —hecha de su puño y letra— de los tres manifiestos rosacruces alemanes. No sólo eso: Ashmole guardó una copia de una carta dirigida a los «*muy iluminados Hermanos de la Rosa Cruz*» solicitando ser admitido en la sociedad. Yates cree que esta carta fue un «acto privado» una suerte de plegaria que en realidad no estaba dirigida a nadie en particular.[9] Otros creen, por el contrario, que Ashmole formó parte del nutrido grupo de rosacruces que integraron la Real Sociedad entre los que también se encontraban Isaac Newton y Jean Theophile Désaguliers, cuyo papel en la fundación de la Gran Logia de Londres en 1717 lo ha convertido en uno de los padres de la masonería moderna.

## 7. Los «masones aceptados»

A principios del siglo XVII, la masonería escocesa no sólo era numerosa, sino también poderosa, lo cual explica el inmediato interés de Jacobo IV de Escocia —devenido en Jacobo I— por revitalizar a las logias inglesas al asumir el trono de Inglaterra.

En los inicios de su reinado aparecen en escena dos hombres singulares, William Herbert, conde de Pembroke y el legendario arquitecto y escenógrafo Iñigo Jones (1573-1652). El conde de Pembroke era un artista de renombre en las logias inglesas. Al igual que muchos otros masones, había viajado a Italia deslumbrado por el arte florentino. En aquella aven-

9 Yates, ob. cit. 239-240

tura lo había acompañado un joven pintor nacido en Londres, Iñigo Jones, cuyo talento lo convertiría en uno de los más famosos arquitectos y escenógrafos británicos.

De regreso a Inglaterra, Jones es nombrado inmediatamente escenógrafo y decorador de la corte, el mismo año en que estalla la «*Conspiración de la Pólvora*» —organizada por los papistas católicos en reacción al anglicanismo represivo del rey— y comienza un largo proceso de deterioro en las relaciones de la corona con la nobleza y la burguesía. En 1607, Jones es elegido, a propuesta del propio Jacobo I, Gran Maestre de los francmasones ingleses, cargo que ejercerá hasta 1618.

Vuelve a Italia en 1613 con el fin de investigar profundamente la obra del gran arquitecto italiano Palladio, estilo que asume como propio convirtiéndose en una figura sobresaliente de la arquitectura inglesa, consolidando en el reino el gusto por el clasicismo renacentista italiano. Al regreso de este segundo viaje, y en medio del escándalo que provoca el rey al disolver el Parlamento, es nombrado Intendente General de la Corona.

Su labor como Gran Maestre no sería menor en importancia que los servicios prestados al reino.[10] Reorganizó las logias; hizo venir de Italia a arquitectos italianos distribuyéndolos en los principales talleres; estableció logias especiales de instrucción y modificó el régimen de las asambleas anuales por el de trimestrales. Dispuso que la Gran Logia se reuniese los días 24 de Junio, 27 de diciembre y 25 de marzo en Londres y que las mismas se llevasen a cabo con solemnidad, desde las 12 del mediodía hasta las 12 de la noche. De allí proviene una antigua costumbre trasladada a los rituales masónicos que, simbólicamente, comienzan «*a medio día en punto*» y culminan «*a medianoche en punto*». Sin embargo, el detalle relevante es que durante su Gran Maestría, fueron iniciadas en la

[10] Luego de dejar su cargo de Gran Maestre, Jones dirigió extraordinarias obras entre las que cabe destacar la Queen's House (1617-1635, en Greenwich; la Queen's Chapel (1623-1627) en St. James' Palace; la urbanización del Covent Garden (1630) y la restauración de la catedral de San Pablo en Londres, (1633-1642) labor que, pese al gran incendio de 1666 influyó notablemente en la obra posterior de Christopher Wren.

Orden muchas personas de posición que nada tenían que ver con la arquitectura pero que sabían que la masonería reunía en su seno a individuos que abrevaban en las doctrinas «esotéricas» y en un conocimiento reservado a los círculos iniciáticos.

A Iñigo Jones le sucedió en el cargo de Gran Maestre aquel hombre que lo había llevado a Italia: William Herbert. Con él se incrementaría el número de masones aceptados, al extremo de imponer la necesidad de reformular algunos de los artículos de las antiguas constituciones. Dice Preston: *«...cuando el conde de Pembroke se puso a la cabeza de la hermandad en 1618, muchas personas eminentes, ricas y sabias, se afiliaron a la sociedad y le dieron muy pronto un nuevo aspecto y distinto impulso. A estos miembros, verdaderos amantes del trabajo, se los conocía con el nombre de masones aceptados...»*[11]

La incorporación de estos hombres debe haber producido una gran transformación, pero también una profunda crisis.

En primer lugar no parece haber sido un proceso general en toda la masonería europea, puesto que la situación en Inglaterra era muy diferente a la del continente. Tampoco parece haber sido una práctica asumida por todas las logias de Inglaterra, dado que existen registros fehacientes de logias que se negaban a ingresar personas ajenas al oficio hasta bien entrado el siglo XIX.

Joseph Fort Newton en su «*Historia de la Francmasonería*» afirma que no eran pocas las logias que se negaban a aceptar a este tipo de miembros. Haciendo cita de la obra escrita por Abbot *(History Lion and Lamb Lodge)* menciona, como ejemplo, que «*...en el mes de abril de 1786, nada menos, fueron propuestos dos hermanos para miembros de la Domatic Lodge, N° 177, de Londres, y se les rechazó, porque no eran masones prácticos...*»

---

11 J. G. Findel; «*Historia General de la Francmasonería*«; pag.47

*El conjunto de ideas denominado genéricamente* «filosofía oculta» *tuvo profundo impacto en la francmasonería, donde fue introducido por la creciente incorporación de* «masones aceptados»*. Se lo describe como un sistema de conceptos construidos con elementos del hermetismo más la influencia de una versión cristianizada de la cábala judía. (Grabado renacentista. Hermes es denominado* «Padre de los filósofos»*. Sostiene en sus manos un pergamino con la enigmática fórmula hermética:* «Como es arriba así es abajo...»*).*

No todos los integrantes de las logias estaban dispuestos a que estas perdieran su condición de talleres de «*oficio*». Pero resulta evidente que los masones aceptados comenzaron a gravitar en las logias mucho tiempo antes de que se establecieran los grandes documentos liminares de la masonería especulativa y que su poder creció hasta desplazar completamente a sus antiguos hermanos operativos alzándose con el control total de la Orden en el siglo XVIII.

Entre tanto, Carlos I sucede en el trono a su padre en 1625 iniciando un reinado que se extenderá hasta 1649, signado por un creciente enfrentamiento con el Parlamento y que desembocará en la trágica guerra civil de la que emerge, victorioso, el ejército parlamentario liderado por Oliver Cromwell.

Instaurado el régimen republicano, Carlos I es ejecutado y los partidarios de la casa de los Estuardo proscritos. El propio Iñigo Jones, otrora protegido de Jacobo I —y ya anciano— sufre la cárcel en 1648 y muere poco tiempo después.

De hecho, todo parece señalar a las logias masónicas como el refugio natural de los estuardistas, y todo hace suponer que este santuario se convertiría en la herramienta fundamental de la estrategia jacobita en su causa restauradora. Al mismo tiempo, en estas logias hay que buscar el origen de la «*masonería escocista*» que tomaría su nombre del origen escocés de sus principales líderes.

Es lógico suponer que durante este primer período estuardista, las logias escocesas e inglesas estrecharan profundos vínculos. La prueba de la fortaleza de esta relación es que se mantuvo firme aun en medio de la guerra civil que acabó con el reinado de Carlos I. Podemos mencionar —como ejemplo— la iniciación de Robert Moray, Intendente General del ejército escocés, en pleno conflicto y en una logia de Newcastle. Y podríamos agregar que en 1646, el mismo día en que se iniciaba, en una logia de Warrington, Elías Ashmole, católico, rosacruz y estuardista militante *«...que combatió como capitán en el regimiento formado por Lord Ashley para Carlos I...»*[12] también era iniciado en la misma logia Henry Mainwaring, líder del partido parlamentario, enrolado en el campo enemigo. Dato por cierto irrefutable, dado que surge del propio diario personal del notable hermano Ashmole.

Si las logias fueron el refugio de los proscritos estuardistas, probablemente el número de masones aceptados haya crecido notablemente durante la república y la posterior dictadura de Oliver Cromwell. Sin embargo, y tal como lo destaca Allec Mellor, resulta *«...interesante observar que en pleno período cromwelliano, en el que reinaba el hierro y el fuego, las diferencias políticas no constituyeron ningún obstáculo para la fraternidad de las logias...»* ¿Es posible que este rasgo tan característico de la masonería moderna ya se manifestara de manera tan clara en un período en el que ni siquiera existía aún el concepto de masonería especulativa?

> *«...En la confusión y lucha de los partidos que desgarraron a Inglaterra en el siglo XVII, las sociedades secretas se transforman en punto de reunión para los vencidos; estos se sirven de las mismas para intrigar...»* —dice Faÿ, y agrega— *«...Tal método parece haber sido practicado extensamente por los Estuardo... y cuando la dinastía fue proscrita, sus fieles utilizaron a estas logias como células que les permitían trabajar en la sombra, sin exponerse excesivamente...»*[13]

Bernard Faÿ sostiene que la francmasonería fue la pieza clave de la conspiración estuardista, y lo explica a partir de esta y otras muchas evidencias. Pero hay algo que Faÿ no puede explicar y es de qué manera, y con qué mecanismo, podían convivir, dentro de una asociación tan extensa y compleja, hombres con intereses e ideas tan opuestas, en una época que aun distaba mucho de la tolerancia política y religiosa.

---

12 Mellor, Alec; «*La Desconocida Masonería Cristiana*»; pag 64.

13 Faÿ, Bernard; «*La francmasonería y la revolución intelectual del siglo XVIII*» (Buenos Aires, Huemul, 1963), pag. 100, 101.

Hacia fines del siglo XVII las logias inglesas conformaban un cuadro variopinto en donde diversas tradiciones habían convergido, otorgándole a la masonería un carácter extraordinario entre las nacientes instituciones modernas. Generaciones de hombres habían depositado en las logias una inmensa variedad de conocimientos y tradiciones cuya clasificación demandaría el esfuerzo de tres siglos y aun no ha concluido.

*Grabado impreso en 1754 en el que todos los elementos alegóricos del simbolismo masónico conforman la representación de alma humana. Las extremidades inferiores se encuentran representadas por las dos columnas del Templo de Salomón; El tronco (el plexo cardíaco) está simbolizado por la Sagrada Biblia, mientras que las extremidades superiores (escuadras) sostienen el compás que simboliza al espíritu y la plomada que mantiene al hombre alineado con el cosmos. Su cabeza es el propio logos solar, símbolo de la inteligencia universal. El conjunto confirma la importante influencia de la simbología alquímica en la francmasonería.*

Las antiguas iniciaciones del mundo clásico encontraban su espacio junto a la tradición judeocristiana desarrollada en los claustros de las más importantes abadías de Europa. La herencia templaria convivía con las corrientes neoplatónicas del Renacimiento; la Cábala judía iluminaba el universo masónico y los rosacruces predicaban la necesidad de un cambio urgente que condujese a la sociedad por el camino de la ciencia inspirada por la intuición divina.

Un antiguo ritual masónico del Rito Escocés Antiguo y Aceptado lo expresa claramente:

> *«...El Rito Escocés ha resuelto de manera definitiva el problema encaminado a conservar en la Masonería las enseñanzas filosóficas que en todos los tiempos se han agrupado alrededor del pensamiento primordial que ha servido de fundamento a la Orden.*
>
> *Cada iniciación evoca el recuerdo de una religión, de una escuela, o de alguna institución de la antigüedad, dando a conocer las doctrinas judaicas, la cábala, los misterios esenianos, etc.*
>
> *Por otra parte se estudian las consecuencias morales del cristianismo, cuya filosofía se halla representada por los rosacruces, esos atrevidos naturalistas, médicos, químicos y botánicos que durante muchos siglos recorrieron los pueblos de Occidente y fueron los creadores del sistema experimental o de observación, del que ha nacido la ciencia moderna, y se llamaron Roger Bacon, Paracelso, Fludd, Ashmole, Bodley, Van Helmont etc.*
>
> *Otras iniciaciones se refieren a los Templarios, esos caballeros tan caritativos como valientes... a cuyo recuerdo los masones glorifican la libertad de pensamiento...».*

# CAPÍTULO VIII

# Ramsay y la Tradición Escocesa

## 1. EL CONTEXTO EUROPEO

Durante el período comprendido entre el siglo XVI y el XVII, la sociedad europea sufre una profunda crisis religiosa.

Inglaterra —país en el que se establece formalmente la primera Gran Logia de masones libres y aceptados, en 1717— se verá afectada, no sólo por los profundos conflictos religiosos iniciados con la Reforma y seguidos con la ruptura entre Enrique VIII y Roma, sino también por una interminable sucesión de guerras entre las distintas casas reales que gobernaron el reino a lo largo de ese extenso período de tiempo. Dice Tort-Nouguès: *«...el problema que se plantea a los hombres de esta época, primero en el siglo XVI y en el XVII, en Europa en general y en Inglaterra en particular, es la ruptura de la unidad cristiana, el cisma religioso de Europa, como consecuencia de la Reforma... Esta dramática ruptura provoca conflictos y guerras, que asolan toda Europa y destrozan a los hombres de esta época...»*[1]

El violento quiebre de la unidad cristiana debió impactar en las logias de francmasones cuya historia, origen y sentido, estaban fuertemente anclados en el catolicismo romano. El trágico proceso de la Reforma,

---

[1] Tort-Nouguès, Henri; «*La Idea Masónica; Ensayo sobre una filosofía de la Masonería*»; (Barcelona Ediciones Kompas 1997); pag 19.

disparado por la excomunión de Martín Lutero en 1521 y la posterior *«Confesión de Ausgburgo»* de 1530, tendría inmediatas consecuencias para la cristiandad, y para la masonería. En Inglaterra, el monarca reinante, Enrique VIII, se alineó en un principio con Roma y exigió al Emperador del Sacro Imperio «*mano dura con Lutero*». El papa León X —en una muestra de la relación que existía entre el rey y la Iglesia— llega a concederle el título de *«Defensor Fidei»*, en mérito a su escrito sobre el misterio de los «*Siete Sacramentos*». Pero la situación se modificó radicalmente como consecuencia de la conocida demanda de Enrique VIII que exigía de Roma la disolución de su matrimonio con Catalina de Aragón, que no había podido darle una sucesión masculina.

Pese a la resistencia de su canciller, Tomas Moro (1478-1535) y del cardenal John Fisher (1459-1535) —ambos ejecutados a raíz de su oposición a la supremacía eclesiástica del rey— Enrique VIII se convierte, en 1534, mediante el llamado «*Acto de Supremacía*», en Jefe de la Iglesia Anglicana. *«Seguía así* —dice Günter Barudio[2]— *a sus vecinos del norte, Dinamarca y Suecia, fundando con una serie de medidas una iglesia estatal que garantizaba al rey la posición de «summus episcopus» y le convertía en soberano absoluto de la Iglesia en las cuestiones religiosas y, sobre todo, en los asuntos relativos a la propiedad.*

Su nueva esposa, Ana Bolena —que seguiría a Moro y Fisher en el camino del cadalso— le dio una hija que reinó con el nombre de Isabel I, pero la imposición de su derecho sucesorio costó «un elevado tributo de sangre». La acción de Enrique VIII trajo a Inglaterra graves enfrentamientos religiosos y dinásticos que se prolongarían durante los próximos dos siglos, dando nacimiento a los conflictos entre «*Estado Nacional*» e «*Iglesia Universal*», y entre «*Iglesia Nacional*» y «*Autonomías Regionales*».

En el transcurso de estos dos siglos, Inglaterra se convirtió en el Reino Unido, incluyendo a Irlanda desde 1534 y a Escocia desde 1707. En ese lapso se sucedieron, una tras otra, las casas Tudor, Estuardo, Orange y

---

2 Barudio, Günter; «*La Época del Absolutismo y la Ilustración*»; (Historia Universal Siglo XXI), pag. 296, 297.

Hannover, amén de revoluciones, guerras diversas y hasta una República efímera. Pero fue también una época signada por grandes descubrimientos científicos y una profunda transformación de las ideas que darían nacimiento a la ciencia moderna. Como ya hemos visto, muchos de aquellos hombres que formaron la Real Sociedad mantenían vínculos estrechos con los círculos masónicos y rosacruces.

La francmasonería, en plena transición, no podría haberse abstraído de estos conflictos, pese al aséptico cuidado que dirigentes como James Anderson y Jean Theophile Désaguliers tuvieron al establecer los antiguos linderos y escribir las Constituciones que regirían la nueva etapa de los masones «*libres y aceptados*». Y si bien estas constituciones, herederas legítimas de los antiguos documentos de la Corporación, conformaron el marco definitivo de la denominada «*masonería simbólica*», no dejan de ser la visión particular que, en su lugar y su tiempo, tuvieron los autores que asumieron la responsabilidad de otorgarle a la masonería moderna su propia versión de sí misma.

## 2. La Escuela Andersoniana

James Anderson, (1684-1746) —un escocés, doctor en filosofía y notable predicador presbiteriano— fue el compilador del famoso «*Libro de las Constituciones*», una obra que escribió con el apoyo y la supervisión de Jean Theóphile Désaguliers (1683-1744), un importante personaje de la Inglaterra de principios de siglo XVIII y Gran Maestre en 1719, sucesor de Jacobo Payne. La obra le había sido encomendada en 1721 por la Gran Logia de Inglaterra, presidida entonces por el controvertido duque de Warthon. En ella debía «*...compilar y reunir todos los datos, preceptos y reglamentos de la Fraternidad, tomados de las Constituciones antiguas de las logias que existían entonces...*»[3]. La primera edición se cono-

[3] La cita es de A. Gallatin Mackey; Enciclopedia de la Francmasonería.

ció en 1723, y hubo, aun, dos posteriores, en 1738 y en 1746. Aunque en la actualidad ningún historiador serio citaría a Anderson como una fuente indubitable en cuanto a su versión de la historia de la masonería, lo cierto es que sobre sus «Constituciones» descansa gran parte del éxito de la masonería moderna. Amado y criticado, Anderson es el paradigma, junto a Désaguliers, de la masonería hannoveriana de principios del siglo XVIII.

En su visión, la Fraternidad tenía un origen inmemorial. Sobre aquella pretérita organización de noble linaje se habían organizado luego las logias operativas medievales, antecedente directo de la Gran Logia de Inglaterra que constituía, por derecho propio, la verdadera y única francmasonería. Sobre la repercusión de su obra conviene citar al historiador francés Bernard Faÿ: *«...El libro, redactado con sumo cuidado, se convirtió pronto en estatuto para cada logia y en breviario para cada masón en particular; todo miembro nuevo debía estudiarlo y se debía leerlo en la iniciación de cada hermano. En todo lugar donde apareciese, durante el siglo XVIII la Constitución de los Francmasones, se fundaban logias y vivía la masonería. La obra fue traducida al francés en 1745; al alemán en 1741; se publicó en Irlanda en 1730; Franklin hizo una edición americana en 1734, y desde entonces, no ha dejado de ser reimpresa...»*[4]

Anderson plantea la continuidad histórica desde las edades míticas, la unidad filosófica, la universalidad geográfica y —lo que es aun más audaz— la unidad de acción de la francmasonería. En el otro extremo Alec Mellor llega a decir que *«...la Orden Masónica no es sino un ideal. La francmasonería no existe, Sólo existen obediencias masónicas...»* La realidad indica que el desarrollo histórico de la francmasonería ha sido desigual en cada país y que, desde la fundación de la masonería moderna, esta se ha fragmentado severamente.

Mientras esto ocurría en las Islas Británicas, la Orden se expandía con rapidez vertiginosa en Francia, país en el que nacerían las primeras estruc-

[4] Bernard Faÿ, *ob. cit.* pag. 122-123

turas «*filosóficas*» con serias pretensiones de autoridad sobre los grados simbólicos.

Estas estructuras filosóficas desencadenaron una larga y caótica etapa de gran confusión en la Orden. Como veremos, muchas voces de honestos masones se alzaron en contra del verdadero pandemonium de títulos y grados que desvirtuaban —según el criterio de muchos— los antiguos principios de la Corporación y desviaban su objetivo y su razón de ser. Pero la masiva adhesión que estos sistemas concitaron nos debería llevar a reflexionar acerca de las razones que hacían que nobles y burgueses se sintieran cautivados por estos ritos y misterios que anunciaban ser portadores de una tradición arcana y ancestral.

Si la masonería simbólica había sido una monumental herramienta para la construcción de la civilización occidental, la masonería filosófica encarnaba la Tradición con un nuevo rostro. Si la masonería operativa había erigido la inmensa red de catedrales y monasterios que tapizaban Europa, esta otra prometía —en un período de profunda crisis moral y espiritual— la reconstrucción del Templo Interior y la Jerusalén Celeste.

Con el tiempo —y debió pasar mucho— ambas estructuras, la simbólica y la filosófica, encontraron una relación de equilibrio y, posteriormente, una interdependencia cuyo ejemplo más claro es el sistema conocido como Rito Escocés Antiguo y Aceptado, dividido en 33 grados de los cuales el 1° al 3° corresponden a la masonería simbólica y el 4° al 33° a la filosófica.Este sistema contenía en su origen una inmensa riqueza espiritual, producto de haber asimilado, con notable armonía, la esencia de la tradición esotérica judeocristiana unida a la influencia de cierta herencia de las órdenes militares de la Edad Media, en especial la de los Caballeros Templarios, cuyo trágico fin integra la larga lista de escándalos que, no sin esfuerzo, la Iglesia comienza a asumir frente a la historia.

## 3. La francmasonería jacobita

Hacia 1730, las tensiones entre la francmasonería hannoveriana y la escocesa se habían acrecentado. Londres trataba de mantener su tutela sobre las logias francesas, a la vez que observaba de cerca la actividad de los numerosos estuardistas exiliados en Francia. Se sabía que —al menos desde 1728— las logias masónicas bajo control jacobita mantenían una fuerte presencia en el litoral marítimo francés y en algunas ciudades importantes del interior. En estas logias seguía en aumento la constitución de nuevos capítulos de «*Elegidos*», un grado masónico no previsto en los rituales oficiales de la masonería inglesa reorganizada en 1717. La principal preocupación de los ingleses era que en estos capítulos se urdía la trama de la conjura estuardista.

Los ideólogos de la Gran Logia de Londres habían promulgado en 1723 una «*Constitución para los masones aceptados*» en las que se había evitado minuciosamente cualquier referencia a las antiguas tradiciones escocesas acerca de un vínculo «*cruzado*» o «*templario*» en la francmasonería. Con la misma minuciosidad se había suprimido cualquier referencia a la religión católica, a la Santísima Trinidad, y a la Virgen María, referentes habituales en los centenares de reglamentos escritos por las antiguas corporaciones de masones. Todas aquellas advocaciones habían sido eliminadas y reemplazadas por una fórmula más simple que sólo hacía referencia a la «*religión que todos los hombres aceptan*». De este modo, el espíritu protestante de los redactores de aquellas Constituciones —adecuado a las múltiples expresiones que el cristianismo tenía en Inglaterra y, principalmente, a la religión de los príncipes gobernantes de la casa Hannover— había desplazado la antigua tradición romana de los canteros.

En cambio, los masones de Escocia e Irlanda, así como muchos masones ingleses, mantenían aquella tradición, a la que habían sumado la conciencia de una antigua herencia que se remontaba a los tiempos de las cruzadas. A ello hay que incluir la acción de los rosacruces que habían agregado no pocos elementos provenientes de su propia doctrina. Estos hombres constituían en su conjunto la elite jacobita exiliada en Francia.

Imposibilitados por los acontecimientos políticos y transplantados desde sus propias tierras insulares al continente, nada podían hacer para imponer su visión de la tradición masónica en Inglaterra. Allí, la batalla había sido ganada por lo que Bernard Faÿ denomina «*La conspiración de los pastores*», en obvia alusión al carácter protestante de la cúpula política de la Gran Logia de Londres.

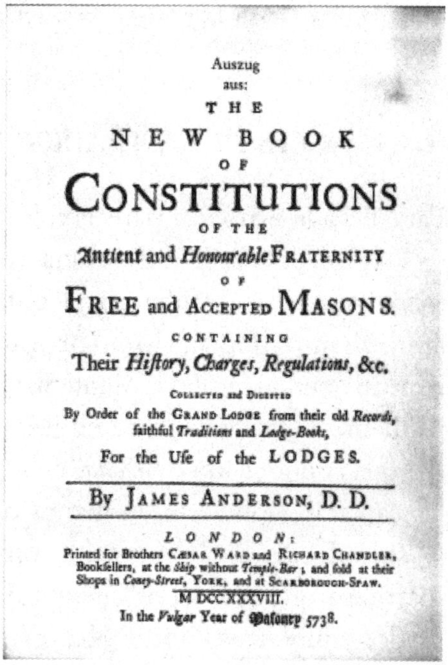
Auszug
aus:
THE
NEW BOOK
OF
CONSTITUTIONS
OF THE
Antient and *Honourable* FRATERNITY
OF
FREE and ACCEPTED MASONS.
CONTAINING
Their *History, Charges, Regulations*, &c.
COLLECTED and DIGESTED
By Order of the GRAND LODGE from their old *Records*, faithful *Traditions* and *Lodge-Books*,
For the Use of the LODGES.

By JAMES ANDERSON, D. D.

*LONDON*:
Printed for Brothers CÆSAR WARD and RICHARD CHANDLER, Booksellers, at the *Ship* without *Temple-Bar*; and sold at their Shops in *Coney-Street*, YORK, and at SCARBOROUGH-SPAW.
M DCC XXXVIII.
In the *Vulgar* Year of Masonry 5738.

*James Anderson es el paradigma, junto a Jean Theophile Désaguliers, de la masonería hannoveriana de principios del siglo XVIII. En su visión, la Fraternidad tenía un origen inmemorial. Sobre aquella pretérita organización de noble linaje se habían organizado luego las logias operativas medievales, antecedente directo de la Gran Logia de Inglaterra que constituía, por derecho propio, la verdadera y única francmasonería. (James Anderson, autor de las «*Constituciones de los libres y aceptados masones de Inglaterra*» de 1723 y la modificación de 1738.) y (Portada original de las «*Constituciones*» de 1738).*

En Francia, en cambio, habían encontrado el camino abierto para sus tradiciones y un suelo fértil. Se podría decir más que eso: Un campo arado.

La masonería hannoveriana había actuado rápidamente y ya hacia 1725 funcionaban logias en París bajo los auspicios de la Gran Logia de Londres. El éxito había sido rotundo. Pero no pudo evitar la presencia y la influencia de la francmasonería jacobita, que había logrado gran ascendencia en la nobleza francesa y cierta sintonía en la supervivencia de algunas antiguas tradiciones en la masonería operativa gala, similar —en algunos aspectos— a la antigua tradición insular.

## 4. Avances de la tradición «*escocesa*» en Francia

Para 1735 la ecuación parece volcarse hacia la masonería jacobita.

Por entonces, la diferencia fundamental entre ambas corrientes masónicas se centraba en el concepto de «*caballería cristiana*», en el simbolismo templario —propio de los *escoceses*— y en su perfil marcadamente católico. Mantenían una política selectiva, dirigida principalmente a la captación de nobles y religiosos, pero evitaban la presencia de toda connotación «*cruzada*» en los grados simbólicos, reservándola para las cámaras capitulares en manos de la aristocracia.

Introducida esta diferencia, comienza a formarse una nueva jerarquía masónica que actúa por encima de la estructura tradicional de los tres grados simbólicos. André Kervella afirma que mientras en la masonería simbólica el reclutamiento era bastante libre —se permite el ingreso de comerciantes y de la alta burguesía—, en la segunda respondía a un deseo de selección, *«de elitismo pronunciado»*, de allí la imagen de «*elegidos*». Las logias que trabajaban en los regimientos estuardistas estacionados en Francia parecen haber tenido un papel preponderante en la incorporación de nuevos adeptos, principalmente entre militares —nobles en su mayoría— tanto franceses como de otras nacionalidades, en campaña sobre el Rhin y en Italia.

Por otra parte la aristocracia militar francesa, que simpatizaba con la causa estuardista, comienza a emular el espíritu de aquellas logias militares escocesas, formando una suerte de «*telón de fondo sobre el cual se destaca ya una versión rudimentaria de lo que luego se denominaría escocismo*». Kervella menciona a modo de ejemplo los regimientos de Bonnac de Boulonnais y de Traisnel, cuyos capitanes eran *venerables* de las logias de dichos cuerpos militares.[5]

Los *escoceses* estaban muy cerca de controlar la masonería francesa. Pero debían introducir cambios en su propia «*Constitución*» si pretendían asegurarse un contexto acorde con sus tradiciones. Como hemos dicho, en la base del «mito» masónico *escocés* existía un fuerte cristianismo que daba sentido y estructura a todo el edificio. Había en ellos un ideal de restauración, de retorno a la antigua caballería cuyo objeto —desde siempre— se había centrado en la construcción de un Imperio Cristiano. De allí su espíritu de cruzada, identificado y trasladado en este caso a su propia «*epopeya nacional*», su imperativo inmediato: El restablecimiento de la dinastía católica de los Estuardo en el trono de Inglaterra.

En 1735 se redactaron «*Los antiguos deberes y ordenanzas de los masones*» en los que se incluye una frase que contrasta radicalmente con las Constituciones inglesas. Ya no se habla de la «*religión que todos los hombres aceptan*» sino de «*la religión cristiana en la que todo hombre conviene*».

No era una diferencia menor si se tiene en cuenta el carácter «universal» que desde un principio se le pretendió otorgar a las «*Constituciones de Anderson*». La redacción de este documento constituyó un hecho de la mayor importancia, cuyas consecuencias se verían de inmediato y afectarían a la francmasonería durante largo tiempo.

Su importancia puede medirse desde varios ángulos, todos ellos relevantes:

[5] Kervella, André; «*La Maconnerie Ecossaise dans la France de l'Ancien Régime; les années obscures 1720-1755*» (Ed. du Rocher, 1999), p. 130.

El primero tiene que ver con la fe de los redactores y su interpretación de las tradiciones corporativas de la francmasonería, porque al establecer el carácter restrictivo de una masonería cristiana, los «*escoceses*» aseguraban el camino a sus tradiciones templarias en la naciente francmasonería francesa, que ahora controlaban.

El segundo es revelador: Una gran cantidad de clérigos formaban parte de la francmasonería «*escocesa*». Muchos de ellos eran monjes benedictinos y —como veremos— los abades franceses jugaron un rol fundamental en la expansión de la masonería «*capitular*» en Francia. Tan importante como el que habían tenido en los tiempos pretéritos de las logias medievales. ¿Cómo no imaginar la influencia benedictina en la incorporación del carácter «cristiano» de la nueva regla?

Desde otro ángulo, no menos importante, puede decirse que se estaban sentando las bases para la creación de una masonería verdaderamente francesa, independiente de la Gran Logia de Londres.

El documento de 1735 lleva el título de «*Les devoirs enjoints aux maçons libres*». Parece continuar con las «*Constituciones*» de Anderson, sin embargo, surge claramente la diferencia planteada en la que el perfil cristiano de la francmasonería francesa queda abiertamente expuesto, en contraposición al texto «deísta» de Anderson.[6]

El manuscrito ofrece otros puntos de interés para nuestro estudio. Las primeras quince páginas reproducen los denominados «*Deberes ordenados a los masones libres*». Luego, se transcriben los «*Reglamentos Generales*» establecidos oportunamente por Felipe, duque de Wharton, Gran Maestre de las logias de Francia. Pero el texto anuncia «*cambios hechos por el actual Gran Maestre, Jacques Héctor Macleane, caballero Baronet de Escocia, y a quien han sido*

---

6 Algunos autores —principalmente Alec Mellor— han querido ver una antítesis entre el documento inglés de 1723 y el francés de 1735 Este manuscrito, se encuentra en la Biblioteca Nacional en París, en el Departamento de Manuscritos, bajo el Nº de adquisición 20240. Su marca es F. M. 146. Fue propiedad de importantes coleccionistas hasta que fue subastado en Amsterdan en 1956. Una síntesis del mismo puede consultarse en la obra de Alec Mellor ya citada: «*La Desconocida Francmasonería Cristiana*».

*concedidos con la aprobación de la Gran Logia en la gran asamblea celebrada el 27 de diciembre de 1735, día de San Juan Evangelista, para dar reglas a todas las logias de dicho reino*».

Más adelante, el propio Macleane se encarga de explicar las razones de estos «cambios»: *«...Como desde el gobierno del Muy Venerable Gran Maestre, el Muy Alto y Muy Poderoso príncipe Felipe, duque de Wharton, par de Inglaterra, se había descuidado desde hace algún tiempo la exacta observancia de los reglamentos y deberes a que están ligados los francmasones, bajo gran perjuicio de la orden de la masonería, y de la armonía de las Logias, nos, Jacques Héctor Macleane, caballero Baronet de Escocia, actual Gran Maestre... hemos ordenado los cambios que hemos considerado necesarios en las reglas que han sido establecidas por nuestro predecesor etc.»*

Sus dichos se ven confirmados por el análisis histórico. Bajo el período de influencia hannoveriana, la masonería francesa había reclutado en exceso gentes de la pequeña burguesía, y se inclinaba peligrosamente a la frivolidad, cuando no a la grosería. Los *escoceses* —en la medida que crece su influencia— se proponen adecuar la francmasonería a sus fines, reaccionando contra esta incipiente y peligrosa vulgarización, junto con la nobleza local y los espíritus más ilustrados.[7] La ascendente influencia jacobita también se percibe en la introducción de elementos del imaginario caballeresco, tales como el uso de la espada, los pactos de sangre, los guantes para la dama (propios del amor cortés, la disciplina militar, la fidelidad, el honor, etc.). Por otra parte, la restauración moral de la Orden será uno de los ejes sobre el que se articula —como veremos— el «discurso de Ramsay».

El documento se encuentra firmado por el propio Macleane y por el conde Derwetwater. Al lado de su firma se agrega «*Por orden del Muy Respetable Gran Maestre: el abad Moret, Gran Secretario.*» Exciten indicios que

---

[7] Marcos, Ludovic; *Histoire du Rite Français au XVIIIe Siecle*; Ver en particular el Cap. III, «Las evoluciones rituales de la masonería francesa en el siglo XVIII».

permiten pensar que este Moret era un abad irlandés que, habitualmente, se encargaba de ejecutar las órdenes de lord Derwetwater.[8]

Podemos deducir de todo esto que, hacia 1735 la Gran Logia de Francia estaba en manos de los «*escoceses*»; que estos avanzaban decididamente en la cristianización de la francmasonería francesa —condición necesaria para avanzar en la introducción de una tradición «*cruzada*» y «*templaria*» — y que para ello contaban con la colaboración de algunas jerarquías del clero regular.

Otro personaje fundamental en el alto mando jacobita, lord Balmerino, había logrado establecer un importante centro masónico escocés en Avignón, la propia ciudad de los papas. Aunque era la capital del antiguo condado Venesino, —un territorio pontificio gobernado por legados papales con todo el poder temporal y espiritual— la ciudad tenía un perfil cosmopolita y acogía gran cantidad de viajeros, militares y comerciantes de diversos orígenes. La presencia de estuardistas fue habitual desde los tiempos de Jacobo III, quien vivió allí casi un año entre 1716 y 1717.

Hacia 1736, lord Balmerino tenía conformada una logia en Avignón con fuerte contenido aristocrático. Había iniciado al marqués de Calviere y contaba entre sus miembros al padre del marqués de Mirabeau.[9]

## 5. La hora del caballero Ramsay

Desde hacía tiempo se sabía que gran cantidad de nobles y magistrados del reino estaban ingresando en las logias. En Londres el «*Saint*

---

8 Mellor cita dos opiniones en torno a Moret o Moore: un artículo de la «*Revue internationale des Sociétés secrètes*» (R.I.S.S) comenta que «*…En lo concerniente al abad Moret, que firma en calidad de Gran Secretario los procesos verbales de la Gran Logia celebrada en 1735 y 1736, prototipo de esos abades anfibios que nadan entre las dos aguas clerical y masónica, no hemos podido encontrar ninguna información sobre él. En 1737, según el documento de Estocolmo, existió un nuevo Gran Secretario, llamado J. Moore…*» A lo que Mellor agrega que probablemente Moret y Moore fueran la misma persona, habida cuenta que en la correspondencia de Fleury se hace referencia a «*un abad More, irlandés*», que se encargaba de la ejecución de las órdenes de lord Derwentwater. Ob. cit. 93-94

9 Bricaud, Joany; «*Les Illuminés d'Avignon*» (París, Libr. Critique É. Nourry, 1927) pp. 21-36.

*James Evening Post*» daba cuenta en su edición del 7 de septiembre de 1734 que:

> «*Desde París sabemos que se ha establecido últimamente una logia de masones libres y aceptados en casa de Su Gracia la duquesa de Portsmouth. Su Gracia el duque de Richmond, asistido por otro distinguido noble inglés, el presidente Montesquieu, el brigadier Churchill... ha recibido a muchas personas distinguidas en esta muy Antigua y Honorable Sociedad*»[10]

Un año después, el 29 de septiembre de 1735, otra noticia del mismo periódico londinense informaba desde París:

«*...que Su Gracia el duque de Richmond y el Reverendo Dr. Désaguliers, antiguos Grandes Maestres de la antigua y honorable Sociedad de los Masones Libres y Aceptados... han convocado una logia...*» Luego de mencionar a los presentes —entre ellos el embajador de Inglaterra y el presidente Montesquieu— destacaba que en la reunión habían sido iniciados, entre otros, «*Su Gracia el conde de Kingston y el honorable conde de Saint Florentín, Secretario de Estado de Su Muy cristiana Majestad...*»

Puede entenderse la prudencia de la policía frente a una sociedad que cobijaba en su seno a ministros y secretarios del propio Luis XV. Sin embargo, en marzo de 1737, Barbier da cuenta en su *Journal* de una decisión del Consejo del Rey:

«*...Habiéndose enrolado en esta Orden algunos de nuestros secretarios de Estado y varios duques y señores... Como semejantes asambleas, además secretas, son peligrosas para un Estado siendo que están compuestas de señores... El Señor Cardenal Fleury ha creído un deber sofocar esta Orden de Caballería en su nacimiento prohibiendo a todos esos señores de reunirse y convocar dichos capítulos...*»[11] Nótese que ya en 1737 se menciona a la francmasonería como una «*Orden de Caballería*» y se hace referencia a los «*capítulos*» en vez de «*logias*». Sin dudas, para

---

10 Mellor, *ob. cit.* 146-147.

11 Le Forestier, R.; «*L'Occultisme et la franc-maçonnerie écossaise*» (Paris, Librairie Académique, 1928) p. 180.

esa fecha, el vocabulario «*escocés*» estaba ampliamente difundido en la francmasonería francesa.

A raíz de este decreto, que en los hechos no produciría mayores consecuencias, los masones «*elegidos*» dejan de concurrir a las tabernas estableciendo sus capítulos en los castillos —donde los nobles asientan sus propias logias— y ¡en las abadías benedictinas!, pues son numerosos los religiosos —en particular del clero regular— que han respondido a la nueva alianza cristiana, y una vez más, están dispuestos a reeditar el antiguo sueño.

En el año 1737 las presiones políticas se han incentivado. La policía sigue de cerca la actividad de las logias pero no se anima a actuar por temor a crear conflictos con la aristocracia o con los dignatarios del gobierno. Es hora de actuar y el alto mando de la masonería jacobita se decide por la estrategia más audaz: Charles Radcliffe, lord Derwentwater, es electo Gran Maestre de las logias de Francia y todos los dignatarios que lo acompañan responden al movimiento *escocés*. El control es total.

Con un salto hacia delante, los escoceses intentan, en una sola acción, tentar al mismo Luis XV ofreciéndole la Gran Maestría, detener cualquier posibilidad de represión y enviar un claro mensaje a Roma. El elegido para llevar a cabo la tarea es —al igual que Dewentwater— un jacobita, escocés y católico, que ocupa el cargo del Gran Orador en la Gran Logia francesa; lo llaman «el caballero Ramsay». Este hombre cambiaría el curso de la historia de la francmasonería. El personaje es merecedor de una breve biografía.

Michael Andrew Ramsay nació en la ciudad escocesa de Ayr —cabecera de la Provincia del mismo nombre— en 1686. Tómese nota que la antigua capital de Ayr había sido Kilwinning, asiento de una abadía fundada hacia el año 1140 por monjes benedictinos. Convocados por Hugues de Morville, lord Cunningham, para que constituyeran allí un monasterio bajo la Regla de San Benito, estos monjes formaron una logia de masones cuya fama se extendió por toda Escocia. La iglesia de la abadía estaba dedicada a San Winnin, hombre piadoso que había vivido en esa región en el siglo VIII, y del cual tomó su nombre la villa cercana. Como se recordará, la leyenda refiere que muchos de los caballeros templarios que combatieron en la batalla de Bannockburn en 1314 encontraron refugio en aquella abadía cuya logia los recibió, asimilando junto con ellos la tradición propia del templarismo. Esta tradición, que daría un sesgo particular a la francmasonería escocesa tuvo su punto de partida en la tierra de la que justamente provenía Ramsay.

*La familia Radcliff tuvo una participación fundamental en la resistencia estuardista y muy especialmente en la organización de la masonería católica en francia. Charles Radcliff lord Derwenetwater, Gran Maestre de Francia, fue decapitado en la Torre de Londres en 1746. Sus hermanos mayores Francis y James (en el retrato) ya habían muerto por la causa estuardista en las rebeliones de 1715.*

Se conoce muy poco acerca de su juventud salvo que su padre era un panadero presbiteriano. Cursó sus estudios en la escuela de su ciudad natal y luego en la Universidad de Edimburgo. En aquellos primeros años sería preceptor de los hijos del conde de Wemyss. Luego viajó a Holanda en momentos en que su vida estaba signada por la duda religiosa, por el deseo de interiorizarse acerca de las numerosas corrientes espirituales que por entonces agitaban Europa y, sin duda, por un espíritu aventurero e inquieto. Hay quienes creen que durante su permanencia en Holanda sirvió en el ejército inglés de los Países Bajos, mientras que otros lo sindican como un espía[12].

Primero se convirtió en discípulo del pastor Poiret —ministro francés que se había instalado en Rheinsbourg— iniciando una etapa de ferviente misticismo y defensa del cristianismo. Sin embargo, su definitiva conversión al catolicismo vendría luego de 1709, año en que conoce a Fenelón y queda profundamente impactado por sus enseñanzas, de las que se convertiría en fervoroso devoto. La cercanía con la alta aristocracia y con los personajes que rodeaban al «*Cisne de Cambrai*» creó el contexto adecuado para que se destacara por su elocuencia, sus escritos y su particular personalidad. El duque de Orleáns —por entonces Regente de Francia— le confirió el título de caballero de la Orden de San Lázaro.

La muerte de Fenelón, ocurrida en 1715, fue un duro golpe para Ramsay. En los años siguientes se dedicó a publicar las obras de su maestro, «*Los diálogos de la Elocuencia*» y «*Telémaco*» y en 1723 publicó su «*Vida de Fenelón*», cuyo éxito obligó a la impresión de varias ediciones. Ya era un personaje famoso en Francia e Inglaterra, cuando se convirtió en preceptor del duque de Chateau-Thierry, futuro príncipe de Turena, a quien dedicó su obra «*Viajes de Ciro*». Convocado por Jacobo III viajó a Roma para desempeñarse en el cargo de preceptor de Carlos Eduardo Estuardo. Pero decepcionado con las intrigas con las que debía convivir en la corte, regresó a Francia, donde fue protegido por los duques de Bouillón hasta su muerte. A lo largo de su vida obtuvo importantes reconocimientos:

12 Faÿ. *ob. cit.* p. 194.

*Francisco de Salignac de la Mothe, nació en el castillo de la Mothe-Fénelon en 1651. Es considerado el maestro de Ramsay, quien publicó algunas de sus obras, entre las que se destaca «*Aventuras de Telémaco*», una novela que describe la educación del joven Telémaco bajo la guía de la diosa Minerva. En su ensayo sobre «*El Antiguo Egipto en las primeras novelas masónicas*» Daniel A. Kiceleff afirma que la frecuente mención de Minerva (o Palas Atenea) en el simbolismo francmasónico del siglo XVIII hizo que los masones encontraran un gran paralelo entre la educación moral descripta por Fénelon y sus propias prácticas y aspiraciones. (Óleo de J. Vivien, Pinacoteca de Munich, Alemania)*

Fue elegido miembro de la Real Sociedad de Ciencias de Londres y la Universidad de Oxford le confirió un doctorado.

Pero lo que ha convertido a Ramsay en protagonista principal de la trama de conspiraciones, misterios y sociedades secretas de su época son dos discursos pronunciados en el seno de la francmasonería francesa. El

*El caballero escocés Michael Andrew Ramsay fue el paradigma de la restauración masónico-templaria del siglo XVIII. Junto con Charles Radcliffe, Jacques Héctor Macleane y otros prominentes estuardistas, organizaron la francmasonería católica francesa y establecieron las bases para el nacimiento posterior del Rito Escocés Antiguo y Aceptado y la Estricta Observancia Templaria. (Antiguo grabado en el que viste atuendo templario)*

primero, en la logia de San Juan el 26 de Diciembre de 1736 y el segundo —al que nos referiremos específicamente— en 1737 en la Gran Logia. En ellos remontaría el origen de la francmasonería a la época de las cruzadas, ligándola taxativamente con la nobleza cristiana que conquistó la Tierra Santa. Ambos discursos reivindicaban el vínculo y la responsabilidad de los escoceses en la custodia de una antigua tradición a través de los siglos; una tradición que —según su juicio— debía encontrar en Francia su restauración definitiva.

Ramsay y sus hermanos «*escoceses*» creían sinceramente que en Francia podía restaurarse la antigua orden. Una Orden Real, heredera de las glorias más sublimes de la cristiandad... ¡Una Orden que reviviera el ideal de la caballería cruzada para unirlo a una nueva moral, una nueva ciencia, un nuevo hombre! Una Orden abrazada por la nobleza, sostenida por la alta burguesía, insuflada por la fuerza de las nuevas ideas, imbuida de la verdadera filantropía: la piedad y el amor de los caballeros de Cristo. Una Orden Real que tuviese al propio rey como su Gran Maestre.

¿No era acaso el Imperio Franco la cuna de los francmasones? Bajo los estandartes de las casas de Lorena, Normandía y Tolosa habían partido

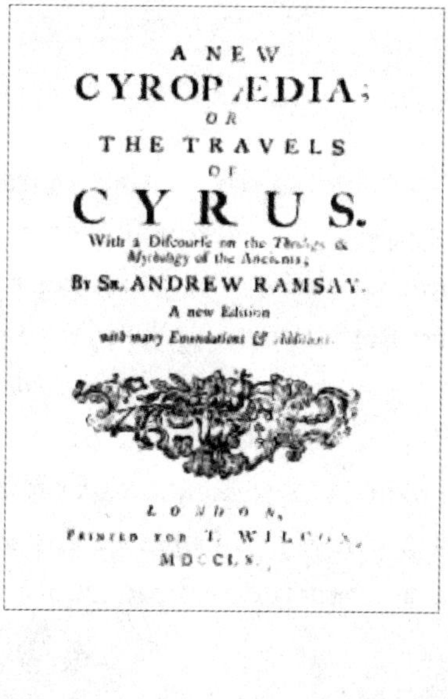
A NEW
CYROPÆDIA;
OR
THE TRAVELS
OF
CYRUS.
With a Discourse on the Theology &
Mythology of the Ancients;
By Sr. ANDREW RAMSAY.
A new Edition
with many Emendations & Additions.
LONDON,
PRINTED FOR T. WILCOX,
MDCCLX.

*Portada de la edición inglesa de «Los viajes de Ciro» de 1760, escrita por Ramsay en 1727. Se trata de una novela que narra las peripecias de un joven y heroico viajero (Ciro), iniciado en los misterios de los antiguos persas, egipcios y hebreos. Al igual que el «Telémaco» de Fénelon, esta novela de Ramsay contribuyó a restablecer los antiguos misterios en las iniciaciones masónicas de los denominados «Altos Grados»* los ejércitos de la primera gran cruzada. Francia había sido la cuna de Hugo de Payens y de sus hermanos templarios antes de que San Bernardo les diera la regla que los convertiría en «*militia christi*».

El noble auditorio que escuchaba a Ramsay —doscientos de los más ilustres caballeros de Francia— se sentía heredero de los constructores de las primeras catedrales, pero mucho más de aquellos hombres que habían reconquistado Jerusalén y fundado la Orden de los Caballeros Templarios. Para Ramsay, ambas instituciones —canteros y templarios— eran el corazón y el cerebro de la francmasonería.

Su mención a los cruzados no hacía más que poner en manos de la nobleza —ya cautivada por la masonería azul— un vehículo que le permitía soñar con una nueva era en la que el Imperio Cristiano recobrara su gloria y su unidad. La Reforma, la intransigencia de Roma y las guerras de religión habían regado Europa con la sangre de sus más ilustres hijos. El cristianismo se destruía a si mismo mientras que la francmasonería hablaba de tolerancia y de una herencia cristiana común. Ramsay presentaba a la masonería como la herramienta capaz de construir una nueva Europa cristiana.

## 6. Las tensiones políticas en torno a la causa jacobita

Se hace necesario aquí comprender las fuerzas que se movían detrás de Ramsay. Sin duda —y en primer término— el poderoso movimiento estuardista instalado en Francia desde que Jacobo II fuera depuesto por «*La Gloriosa Revolución*», que había colocado en el trono de Inglaterra a la dinastía de los Hannover. Esta numerosa presencia de elementos masónicos jacobitas agravaba las tensiones existentes en el seno de la francmasonería francesa, en la que ya comienzan a perfilarse dos corrientes profundamente diferenciadas: la liderada por la Gran Logia de Inglaterra de sesgo hannoveriano y protestante y la que emerge en Francia, imbuida de la tradición escocesa y católica, introducida por los estuardistas exiliados.

Existe otro factor a tener en cuenta y es el delicado equilibrio político entre Inglaterra y Francia, la explosiva cuestión de la sucesión de Polonia que mantiene en vilo a Europa y el papel de Roma, inmersa en la profunda contradicción que le generaba la existencia de una francmasonería dividida entre una facción católica —leal a los Estuardo— sobre la que carece de control y otra —abiertamente protestante— que ha logrado penetrar en numerosas ciudades del continente, desafiando abiertamente la autoridad episcopal.

Sin duda, tempranamente, la Iglesia había observado con preocupación la proliferación de las logias, en especial aquellas que prescindían de toda alineación con el catolicismo romano. En ese contexto, y tal como lo refiere Kervella[13], no le era indiferente a la iglesia que los francmasones católicos hicieran contrapeso a sus hermanos protestantes que proliferaban hasta en Italia; lo que le perturbaba era la manera en que los masones católicos estaban elaborando su propia simbología, basada en una tradición escocesa, fuertemente anclada en un pasado cruzado y con un claro contenido de misterio y hermetismo.

En la medida que la francmasonería escocesa avanzaba en su identificación con los cruzados —y fatalmente con los Caballeros Templarios a quienes reivindicaba como sus ancestros— la Iglesia enfrentaba la alternativa de permanecer en un permisivo silencio o condenar a las logias. Nada más odioso para el Santo Oficio del siglo XVIII como tolerar una Orden que —aún reivindicándose católica— asumía como modelo la figura de Jacobo de Molay, torturado y quemado vivo por el rey Felipe con la complicidad y el apoyo del papa Clemente V.

El contexto del discurso de Ramsay de 1737 estaba rodeado por todas estas circunstancias y algunas urgencias.

---

[13] Kervella, *ob. cit.* p. 410.

Desde 1725, época en que se había fundado la primera logia británica en suelo francés —la Logia Saint Thomas Nº 1— la masonería francesa no había cesado de crecer bajo el calor de los exiliados estuardistas. En un principio, la sociedad de los francmasones había contado con el entusiasta apoyo del propio regente, el Duque de Orleáns, que había aceptado ser el Gran Maestre en 1723.

*Francisco Esteban, duque de Lorena, fue una figura clave de la francmasonería del siglo XVIII. Iniciado en La Haya en 1731, se convirtió en gran duque de Toscana en 1738, luego de casarse con María Teresa Habsburgo. Erigió un Estado Masónico en la frontera de los Estados Pontificios e impuso un régimen de tolerancia religiosa que provocó las iras de la Corte de Roma.*

Pero la situación había cambiado desde entonces. Mientras que en Inglaterra el apoyo de la monarquía a la francmasonería era cada vez mayor, en Francia, con Luis XV en el trono, los masones empezaban a preocuparse por su futuro. Hacia 1737 las relaciones entre Inglaterra y Francia se encontraban en manos de dos equilibristas: el cardenal Fleury —canciller de Luis XV— y Robert Walpole, conde de Orfolk, —primer ministro del rey Jorge II Hannover— quienes mantenían un delicado equilibrio en una Europa convulsionada a causa de la guerra, los conflictos comerciales y la compleja sucesión de Polonia. Fleury cuidaba las relaciones con Inglaterra y sospechaba que las logias francesas permitían a los jacobitas complotar contra Londres, lo cual, desde luego, era cierto.

Mientras tanto, las noticias inquietantes no sólo llegaban de Roma y España. En los Países Bajos acababa de impedirse, con gran esfuerzo de las más altas influencias masónicas, el encarcelamiento de un numeroso grupo de hermanos, cuya suerte se desconocía. Ramsay, que conocía bien la liberalidad de los holandeses en términos de religión, no podía dar crédito a que se hubiese planeado una feroz represión contra la masonería. Si esto ocurría en Holanda ¿cuál sería el destino de los masones franceses si el rey cedía a las presiones de la Iglesia?

Ramsay tenía la esperanza de evitar males mayores si convencía al rey de colocarse al frente de todos los masones franceses. Para ello tenía pensado reunirlos en Asamblea en la ciudad de París. Como parte de su plan había enviado al cardenal Fleury el discurso que había preparado con motivo de una serie de iniciaciones que tendrían lugar el 21 de marzo, acompañado de una larga exhortación al prelado en la que, entre otras cosas, le decía:

> *«...Quisiera que todos los discursos en las asambleas de la joven nobleza de Francia, así como los que se dicten en el extranjero, estuviesen henchidos de vuestro espíritu; dignaos, Monseñor, apoyar a la sociedad de los francmasones en los grandes objetivos que se ha fijado...»*

La carta estaba fechada el 20 de marzo de 1737, un año antes que el papa Clemente prohibiera, bajo pena de excomunión, a clérigos y fieles, ingresar a las filas de los masones, lo que demuestra que los temores de Ramsay estaban plenamente justificados. La respuesta no se hizo esperar. Sobre el margen del mismo texto del discurso, el propio cardenal Fleury había escrito apenas unas líneas en las que le explicaba que ni él, ni el rey podían atender su petición. En otras palabras, no lo tomaban en serio.

Ramsay sufrió un profundo desaliento. No lograría que un príncipe de sangre real blandiese el mallete de Gran Maestre de todos los masones de Francia. Pero lograría algo quizá más importante: evitaría la proscripción sin que ello significara la sumisión de la Orden al monarca ni a la Iglesia. Esta situación, muy diferente a la de Inglaterra, daría a la francmasonería francesa su sesgo particular. Pese a todo, el plan siguió su curso.

## 7. El Discurso de 1737

Ramsay presenta a la masonería como la herramienta capaz de construir una nueva Europa cristiana. Aun más: proclama las bases filosóficas y morales que la debe regir:

> *«…El mundo entero no es más que una gran república, en la cual cada nación es una familia y cada individuo un niño. Nuestra sociedad se estableció para hacer revivir y propagar las antiguas máximas tomadas de la naturaleza del ser humano. Queremos reunir a todos los hombres de gusto sublime y de humor agradable mediante el amor por las bellas artes, donde la ambición se vuelve una virtud y el sentimiento de benevolencia por la cofradía es el mismo que se tiene por todo el género humano, donde todas las naciones pueden obtener conocimientos sólidos y donde los súbditos de todos los reinos pueden cooperar sin celos, vivir sin discordia, y quererse mutuamente sin renunciar a su patria…»*

Inmediatamente después de este párrafo, Ramsay evoca a los cruzados. Lo hace inmerso en el espíritu que exalta la nobleza franca. Quien habla ante el auditorio atónito es el preceptor de la Casa de Bouillón, el tutor de Godefroid-Charles-Henri, hijo de Charles Godefroid de La Tour Auvergne, Duque de Bouillón. ¿Qué otra Casa podría reivindicar con más legitimidad un pasado cruzado? Ramsay no es un impostor…

No. Es el hombre que educa al descendiente de Sobiesky, el rey de Polonia que salvó a Europa de los turcos. Lo escucha un auditorio de igual prosapia, al que no es necesario convencer de su pasado glorioso y de su misión olvidada.

> «...*Nuestros ancestros, los Cruzados* –dice Ramsay- *procedentes de todos los lugares de la cristiandad y reunidos en Tierra Santa, quisieron de esta forma agrupar a los súbditos de todas las naciones en una sola confraternidad. Qué no les debemos a estos hombres superiores quienes, sin intereses vulgares y sin escuchar el deseo natural de dominar, imaginaron una institución cuyo único fin es reunir las mentes y los corazones con el propósito de que sean mejores. Y, sin ir contra los deberes que los diferentes estados exigen, formar con el tiempo una nación espiritual en la cual se creará un pueblo nuevo que, al tener características de muchas naciones, las cimentará todas, por así decirlo, con los vínculos de la virtud y de la ciencia*...»

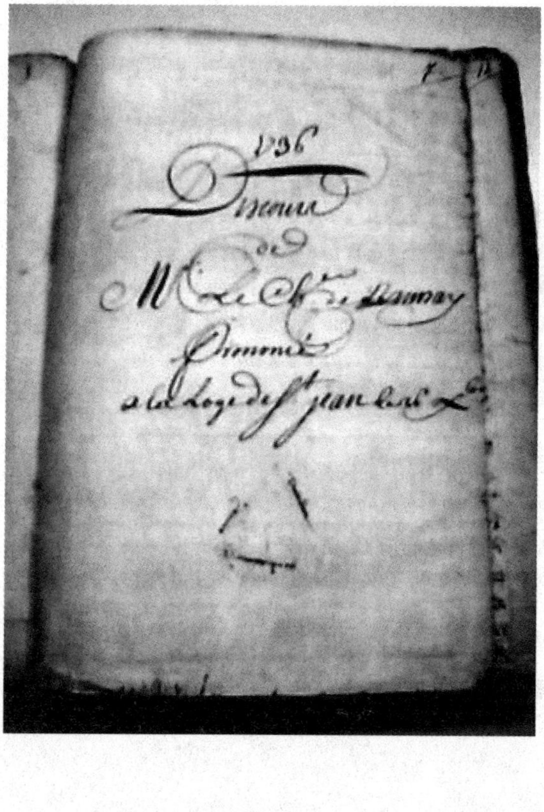

*Portada del libro de actas de la Logia de San Juan en el que quedó inmortalizado el «Discurso» de Ramsay, pronunciado el 26 de diciembre de 1736. Este documento, junto al segundo «discurso» pronunciado en 1737, fue clave en el proceso de la restauración templaria del siglo XVIII, pues en él se plantea por primera vez el origen «cruzado» de la francmasonería.*

A lo largo de su alocución, sienta las bases de lo que considera «*la sana moral*», señalando que «*las Ordenes religiosas se establecieron para que los hombres llegaran a ser cristianos perfectos; las Ordenes militares para inspirar el amor por la gloria noble*» y la «*Orden de los francmasones, para formar hombres amables, buenos ciudadanos y buenos súbditos, inviolables en sus promesas, fieles hombres al gusto por las virtudes*» Para ello —insiste— «*nuestros ancestros los Cruzados quisieron que ésta resultara amable con el atractivo de los placeres inocentes, de una música agradable, de un gozo puro y de una alegría moderada. Nuestros sentimientos no son lo que el mundo profano y el vulgo ignorante se imaginan. Todos los vicios del corazón y del espíritu están desterrados, así como la irreligión y el libertinaje, la incredulidad y el desenfreno*».

La última parte de su extenso discurso resulta esencial para comprender en su total dimensión el pensamiento y la tradición de la francmasonería escocesa. Describe sus orígenes en la Tierra Santa, así como las vías de penetración en Occidente y el papel jugado por Escocia durante «*los años oscuros*» en los cuales los propios masones se apartan de sus antiguos principios, olvidándose, al igual que los antiguos judíos, «*el espíritu de nuestra ley*». He aquí su texto completo.

> «*Desde la época de las guerras santas en Palestina, muchos príncipes, señores y ciudadanos se unieron, hicieron voto de restablecer los templos de los cristianos en Tierra santa y, por medio de un juramento, se comprometieron a emplear sus talentos y sus bienes para devolver la arquitectura a su constitución primitiva. Adaptaron de común acuerdo varios antiguos signos, palabras simbólicas tomadas del fondo de la religión, para diferenciarse de los infieles y reconocerse con respecto a los Sarracenos. Estos signos y estas palabras sólo se comunicaban a los que prometían solemnemente, incluso con frecuencia a los pies del altar, no revelarlos nunca. Esta promesa sagrada ya no era entonces un juramento execrable, como se cuenta, sino un vínculo respetable para unir a los hombres de todas las naciones en una misma confraternidad. Tiempo después, nuestra Orden se unió íntimamente con los caballeros de San Juan de Jerusalén. Desde entonces nuestras logias llevaron el nombre de las logias de San Juan en todos los países. Esta unión se llevó a cabo a imitación de los israelitas cuando construyeron el segundo templo, mientras trabajaban con una mano con la llana y el mortero, llevaban en la otra la espada y el escudo.*»

*«Nuestra Orden por consiguiente no se debe considerar como una renovación de las bacanales y una fuente de excesivo derroche, de libertinaje desenfrenado y de intemperancia escandalosa, sino como una Orden moral, instituida por nuestros ancestros en Tierra Santa para hacer recordar las verdades más sublimes, en medio de los inocentes placeres de la sociedad»*

*«Los reyes, los príncipes y los señores, regresando de Palestina a sus países, establecieron diferentes logias. Desde la época de las últimas cruzadas ya se observa la fundación de muchas de ellas en Alemania, Italia, España, Francia y de allí en Escocia, a causa de la íntima alianza que hubo entonces entre estas dos naciones.»*

*«Jacobo Lord Estuardo de Escocia fue Gran Maestro de una logia que se estableció en Kilwinning en el oeste de Escocia en el año 1286, poco tiempo después de la muerte de Alejandro III rey de Escocia, y un año antes de que Jean Baliol subiera al trono. Este señor escocés inició en su logia a los condes de Gloucester y de Ulster, señores inglés e irlandés.»*

*«Poco a poco nuestras logias, nuestras fiestas y nuestras solemnidades fueron descuidadas en la mayoría de los países en los que se habían establecido. Esta es la razón del silencio de los historiadores de casi todos los reinos con respecto a nuestra Orden, a excepción de los historiadores de Gran Bretaña. Sin embargo, éstas se conservaron con todo su esplendor entre los escoceses, a los que nuestros reyes confiaron durante muchos siglos la custodia de su sagrada persona. Después de los deplorables reveses de las cruzadas, la decadencia de las armadas cristianas y el triunfo de Bendocdar Sultán de Egipto, durante la octava y última cruzada, el hijo de Enrique III de Inglaterra, el gran príncipe Eduardo, viendo que ya no había seguridad para sus hermanos en Tierra santa los hizo regresar a todos cuando las tropas cristianas se retiraron, y fue así como se estableció en Inglaterra esta colonia de hermanos. Puesto que este príncipe estaba dotado de todas las cualidades del corazón y del espíritu que forman a los héroes, amó las bellas artes, se declaró protector de nuestra Orden, le otorgó muchos privilegios y franquicias y desde entonces los miembros de esta confraternidad tomaron el nombre de francmasones.»*

*«Desde este momento Gran Bretaña se volvió la sede de nuestra ciencia, la conservadora de nuestras leyes y la depositaria de nuestros secretos. Las fatales discordias de religión que inflamaron y desgarraron Europa en el siglo dieciséis hicieron que nuestra Orden se desviara de la grandeza y nobleza de su origen. Se cambiaron, se disfrazaron o se suprimieron muchos de nuestros ritos y costumbres que eran contrarios a los prejuicios de la época. Es así como muchos de nuestros hermanos olvidaron,*

*al igual que los judíos antiguos, el espíritu de nuestra ley y sólo conservaron su letra y su apariencia exterior. Nuestro Gran Maestro, cuyas cualidades respetables superan aún su nacimiento distinguido, quiere regresar todo a su constitución inicial, en un país en que la religión y el Estado no pueden más que favorecer nuestras leyes.»*

*«Desde las islas británicas, la antigua ciencia comienza a pasar a Francia otra vez bajo el reino del más amable de los reyes, cuya humanidad es el alma de todas las virtudes, con la intervención de un Mentor que ha realizado todo lo fabuloso que se había imaginado. En este momento feliz en que el amor por la paz se vuelve la virtud de los héroes, la nación más espiritual de Europa llegará a ser el centro de la Orden; derramará sobre nuestras obras, nuestros estatutos y nuestras costumbres, las gracias, la delicadeza y el buen gusto, cualidades esenciales en una Orden cuya base es la sabiduría, la fuerza y la belleza del genio. Es en nuestras logias futuras, como en escuelas públicas, donde los franceses verán, sin viajar, las características de todas las naciones y es en estas mismas logias donde los extranjeros aprenderán por experiencia que Francia es la verdadera patria de todos los pueblos. Patria gentis humanae.»*

Analizaremos, en los próximos capítulos, las consecuencias de este discurso.

## Capítulo IX

# El inicio de la Restauración Templaria

### 1. El espíritu de «*Cruzada*»

El espíritu y el lenguaje «*cruzado*» que Ramsay utiliza en su discurso, es el que animaba a los jacobitas en su «*epopeya restauradora*». Pero es también, en todo caso, la consecuencia de los acontecimientos que sacudían Europa.

La realidad que estos hombres vivían les imponía, ante todo, un deber militar en la defensa de las distintas «*cristiandades*» que abonaban su tiempo. Pero también es cierto que a las guerras de religión que diezmaban la unidad cristiana, se sumaba el recuerdo, aun latente, de la amenaza de los turcos islámicos. Hasta fines del siglo XVII, el este europeo había padecido el jaque del Imperio Otomano, que soñaba con extender las fronteras del Islam hacia el corazón geográfico del cristianismo.

Apenas unas décadas atrás Europa había tenido nuevamente ante las puertas de Viena a los ejércitos turcos liderados por el visir Kara Mustafá. La conquista de Viena era la carta de triunfo del Islam en el centro de Europa.

En aquel momento fue Sobiesky el que lideró la batalla decisiva, ocurrida en la mañana del 12 de septiembre de 1663. Al amanecer de aquella jornada, en una pequeña iglesia erigida sobre el monte Kahlenberg, frente a 150.000 soldados turcos, el capuchino Marco de Aviano, legado papal, celebró la Santa Misa. Junto al rey de Polonia estaban nobles y príncipes alemanes, austriacos, húngaros y voluntarios italianos cuyo número era apenas la mitad del de los atacantes.

No era esta una gesta romántica ni una batalla más de las que se libraban en Europa entre facciones cristianas.

Nuevamente, como había sucedido en el año 730 en las llanuras de Poitiers, —donde Carlos Martel detuvo al general berebere Abd al-Rahman ben Abd Allah al Gafidi que había invadido la Aquitania— o como en la batalla de los Cuernos de Hattin —donde fue derrotado el ejército cristiano por el kurdo Saladino, precipitándose la caída de Jerusalén— la cristiandad estaba seriamente amenazada.

Todos estos hombres reunidos en torno a Sobiesky —cuyos descendientes constituirían el auditorio de Ramsay— vivían su misión con un verdadero espíritu de cruzada en el que no podía estar ausente la inspiración de sus propios ancestros, el eco de aquellos lejanos parientes que se habían batido con los musulmanes en las arenas del Levante.

La nobleza europea, nuevamente convertida en «*militia christi*» estaba unida frente al Islam. La rueda de la historia había recorrido una vuelta completa y sobre el campo de batalla sobrevolaba la mítica caballería templaria. Todos los actores parecían haber retornado, hasta los traidores que apostaban a la derrota cristiana, esperada, en este caso, no por los griegos de Bizancio sino por el propio rey de Francia que alentaba a los turcos.

Emulando a los hombres de Godofredo de Bouillón, el rey polaco —al grito de «En el nombre de Dios» — se lanzó contra los turcos. Quiso la providencia que triunfaran los cristianos. Veinte mil turcos fueron muertos en aquella trágica jornada y otros tantos miles huyeron dispersos para no volver nunca más al corazón de Europa. Pero de aquella epopeya surgieron nuevas alianzas y lealtades junto a una conciencia renovada de reconstruir la «cristiandad». ¿Quién lo haría sino la nobleza cristiana? Allí, junto a Jan Sobiesky estaban el markgrave Luis de Badem, el duque Carlos de Lorena —el abuelo de Francisco Esteban, duque de Lorena que, como veremos, erigiría un Estado de inspiración masónica en el Gran Ducado de Toscana— y tantos otros señores.

Muchos de los hijos y nietos de los combatientes de Kahlenberg se habían unido a la francmasonería jacobita del siglo XVIII.

La nieta de Sobiesky, la princesa Marie-Charlotte Sobieska se casaría con Charles Godefroy de La Tour Auvergne, 5º Duque de Bouillón (1706-1771), protector de Ramsay, señor del mítico castillo de las Ardenas y fundador de la logia «La Perfecta Armonía» que permanecería activa hasta los tormentosos días de la Revolución Francesa.

La masonería que Ramsay proponía no sólo sintonizaba con el nuevo espíritu cruzado de la nobleza europea. Constituía —como bien lo señala Andreas Beck— el vector en el cual la reunificación del cristianismo encontraba su más formidable herramienta. De alguna manera, el jacobitismo participaba de la misma esperanza, representada en la restauración de la dinastía católica de los Estuardo. En todo caso, estos hombres habían encontrado una organización capaz de contener en su seno a aquellos que buscaban una renovada religión en «*la que todo cristiano conviene*».

El vínculo de Ramsay con los duques de Bouillón no deja de ser una pieza clave en el entramado que une a cruzados, templarios y masones. Charles de La Tour Auvergne, 5º Duque de Bouillón formaba parte de la nobleza ilustrada. No sólo era fundador de logias —se llegó a hablar de una verdadera «*Orden Masónica de Bouillón*»— con asiento en las Ardenas, sino que introdujo en aquella región una imprenta que devino en la conformación de un polo editor de la Ilustración de gran prestigio.

Su hijo, Godefroy III Charles Henri de La Tour d'Auvergne, 6º Duque de Bouillon, (1728-1792)[1], que había sido educado por Ramsay, sería Gran Chambelán de Francia y se convertiría luego en una pieza clave de la francmasonería de la «*Estricta Observancia Templaria*» creada por el barón von Hund. En 1774 era Gran Maestre de los «*Cuatro Directorios Escoceses*»:

1 Reunía también los títulos de Príncipe de Turenne y de Raucourt, 5º Duque de Albret y Par, Duque de Château-Thierry y Par, Conde de Auvergne y de Beaumont-le-Roger, Barón de La Tour, Vizconde de Conches y de Turenne.

Auvernia, con sede en Lyon; Occitania, con sede en Bordeaux; Borgoña, con sede en Estrasburgo y Septimania con sede en Montpellier.

## 2. La trama masónica en torno a la sucesión de Polonia

Hemos hecho referencia a la compleja trama diplomática que enfrentaba a Francia y Gran Bretaña en 1737 y al especial cuidado con el que la policía de Fleury vigilaba las actividades de los francmasones «*escoceses*». También hemos mencionado que uno de los acontecimientos que tenía en vilo a Europa era la cuestión de la sucesión de Polonia que permanecía estancada. Ni la francmasonería inglesa ni la francesa estaban ausentes a esta cuestión; a tal punto que, como veremos, la solución se tejió en base a un acuerdo entre prominentes masones ligados a la masonería jacobita y al duque de Lorena -nieto de aquel que había enfrentado a los turcos junto con Sobiesky- caballero francmasón y emblema de la masonería «*cruzada*»

La guerra por la sucesión de Polonia provocaba un profundo conflicto en el que intervenían Alemania, que apoyaba los derechos de Augusto de Sajonia –hijo del extinto Augusto II, casado con la sobrina del emperador Carlos VI- y Francia, que sostenía al partido de Estanislao Leszczynsky, suegro de Luis XV. El conflicto afectaba los intereses de otras potencias, como España, Rusia, Austria y los Países Bajos.

Fleury trataba por todos los medios de mantener al margen a Inglaterra, que había dado evidentes muestras de querer mediar en el conflicto.

En 1737 —año en el que Ramsay propone a Fleury que el propio Luis XV se coloque al frente de la masonería católica— el hábil canciller francés estaba a punto de lograr la paz con el emperador alemán mediante un tratado por el cual Estanislao Leszczynsky —un masón con fuertes vínculos en las logias jacobitas— recibía el ducado de Lorena de manos de otro masón, Francisco Esteban, que a cambio se quedaba con el ducado de los Médici, destrabando así el acceso de Augusto de Sajonia al trono polaco.

Allec Mellor ha sostenido la hipótesis de que Ramsay no pudo haber elegido peor momento para plantear su plan a Fleury: *«...No era momento de descontentar al gabinete de Londres, ya decepcionado y amargado, pues no había podido representar en su provecho el papel de mediador. Mezclar la causa de los Estuardo con todas estas intrigas, en semejante momento, hubiera sido catastrófico...»* [2]

En efecto, el 2 de mayo de 1738, Francia, España, Gran Bretaña, Holanda y el Imperio firmaron el «*Tercer Tratado de Viena*» por el cual Leszczynsky renunciaba al trono polaco y reconocía la legalidad de Augusto de Sajonia, a cambio de Lorena, con la condición de que esos territorios fueran heredados por su hija, la esposa de Luis XV. Francia —a su vez— aceptaba la sucesión de Maria Teresa Habsburgo como emperatriz del Imperio Austro Húngaro. Francisco de Lorena, esposo de María Teresa, recibía Toscana, en contra de los deseos de los españoles, de modo que Francia no solo evitaba el peligro en sus fronteras sino que también conseguía —con la futura anexión de Lorena— un sueño secular. Carlos Manuel de Piamonte reconocía la sucesión austro húngara a cambio de las ciudades de Novara y Tortona. El Milanesado pasaba de nuevo al emperador, además de Parma y Piacenza. Augusto de Suabia, finalmente, asumía el trono polaco, comprometiéndose a respetar las tradiciones del país y la defensa del catolicismo.

No es un hecho menor que la soberanía de Toscana pasara a manos de un francmasón, situación que sin dudas causaría profunda preocupación a Roma. Veamos quién era este duque de Lorena devenido en «*Gran Duca de Toscana*».

Francisco Esteban había sido iniciado aprendiz masón en 1731, en el seno de la primera logia establecida en La Haya, cuyo Venerable Maestro era el conde de Chesterfield. Un año después, en tenida magna, se inauguró en Londres una nueva logia francesa bajo la enseña del «*Duque de Lorena*»

[2] Mellor, *ob. cit.* p. 138.

en la que le fueron conferidos los grados de compañero y maestro. El marco de esta ceremonia permite establecer hasta qué punto se asignaba la mayor importancia a su incorporación a la Orden. Se realizó en Houghtou-Vall, la residencia de Robert Walpole, conde de Orfolk -quien era nada menos que el primer ministro de su majestad Jorge II Hannover- y contó con la participación de los más ilustres masones ingleses, con su Gran Maestre a la cabeza.

Hijo de Leopoldo, duque de Lorena, —y nieto de Carlos de Lorena que, como hemos visto, había combatido a los turcos en las filas de Sobiesky— Francisco Esteban había nacido en Nancy en 1708 y heredado el ducado en 1729. En los años siguientes a su iniciación se vio envuelto en la guerra de sucesión polaca como consecuencia de su casamiento con María Teresa Habsburgo. En compensación por la cesión de Lorena a Leszczynsky recibió el Gran Ducado de Toscana, cuya soberanía había quedado vacante en 1737 con la extinción de la dinastía de los Médici.

Cuando Francisco Esteban asumió el control del Gran Ducado, la masonería ya estaba establecida en Toscana —donde operaban hannoverianos y estuardistas— y atravesaba duras dificultades con el clero. En 1737 se habían fundado algunas logias en Florencia, contra las cuales dispuso prevenciones inmediatas el último gran duque de la Casa de los Médicis. Pero su muerte, ocurrida ese mismo año, animó a los masones a continuar sus actividades. El clero florentino, que había azuzado al duque contra la sociedad, ahora recurría a Clemente XII quien, ya un año antes de dictar la bula que excomulgaría a los francmasones, se encargó de enviar un inquisidor a Florencia que arrojó a los calabozos a numerosos miembros de las logias. Inglaterra había logrado la libertad de algunos masones hannoverianos mediante presiones diplomáticas, pero la situación del resto permanecía en extremo complicada.

Todo esto se modificó radicalmente luego del Tratado de Viena firmado en 1738 por el cual Francisco Esteban asumía la soberanía de

Toscana. Uno de sus primeros actos de gobierno fue liberar a los francmasones que permanecían presos de la Inquisición y pese a que su esposa María Teresa Habsburgo no profesaba ninguna simpatía hacia la francmasonería, él desplegó una intensa actividad en la creación de logias, no sólo en Florencia sino en otras importantes ciudades de su territorio. Estableció un Consejo de Regencia que se convirtió en la máxima institución del Estado; se rodeó de hombres con una enorme experiencia política, cuya principal misión era la de modernizar las estructuras de gobierno poniendo en práctica políticas reformistas en lo económico, en lo eclesiástico y lo social.

Las logias establecidas en Toscana gozaron de su protección a partir de entonces y no les afectaría la bula de 1738. Su actividad masónica no se limitó al entramado político que la Orden tejía por toda Europa. Francisco Esteban abrazó el esoterismo masónico y las corrientes templarias, pero en particular la alquimia, ciencia a la que dedicó ingentes esfuerzos como tantos otros soberanos y nobles de aquel tiempo.

Al morir Carlos VI, la emperatriz María Teresa lo nombró corregente y en 1745, luego de disputarle la corona al elector de Baviera fue reconocido por la Dieta como emperador de Alemania. Sin embargo, su actividad se centró en Toscana, en donde estableció un régimen de tolerancia religiosa inédito en Europa. Durante su largo reinado muchos documentos oficiales del ducado llevaron impresos una escuadra y un compás y otros símbolos masónicos.

Cabe preguntarse si la petición de Ramsay a Fleury había sido «inoportuna» como lo expresa Mellor o si, por el contrario, los «*escoceses*» eran concientes de que ésta era la última oportunidad. Las persecuciones en Holanda y en España eran un antecedente cierto del rumbo que podría tomar la propia Francia y –más peligroso aun- la Sede Apostólica. Entre 1737 y 1738 ocurrieron hechos que aceleraron la decisión pontificia relativa a la francmasonería y uno de ellos es sin dudas la situación que acabamos de describir en torno a Toscana.

## 3. «Y por otros motivos justos y razonables por nos conocidos» «*Aliisque de justis ac rationabilibus causis Nobis notis*»

El 25 de julio de 1737, Clemente XII convocó a Roma a los cardenales Ottobone, Spinola y Jondedari. Del cónclave participó el inquisidor del Santo Oficio en Florencia. La cuestión a tratar era qué hacer con la francmasonería: Los capítulos de «*caballeros elegidos*» se expandían sin cesar y ya se hablaba de «*caballería templaria*»

Se decía que el clero regular estaba apoyando el movimiento y que algunos monasterios albergaban capítulos clandestinos. Para colmo, los acuerdos por Polonia colocaban a un príncipe masón en el antiguo bastión florentino, a las puertas de los Estados Pontificios. A esto se sumaba la creciente actividad masónica que lord Balmerino desplegaba en Avignon, en las propias barbas del legado pontificio en la ciudad de los papas. Es muy probable que en esa reunión ya se hablara de la excomunión de los masones. Pese a los esfuerzos de la masonería católica francesa y de la acción del jacobitismo masónico, crecía en Roma la certeza del peligro letal que se cernía sobre la Iglesia.

Los franceses insistían en el carácter cristiano de la francmasonería. Prueba de ello es el documento francés de 1735 que hace mención a «*...la religión en la que todo cristiano conviene...*». Pero en 1738 se produjo otro hecho indicativo del rumbo que tomaba la francmasonería inglesa y sus logias aliadas: La publicación de las *Constituciones de Anderson* modificadas en su artículo 1°.

Muchos masonólogos del campo católico han remarcado que la primera condena pontificia es posterior a la nueva redacción de las «*Constituciones*» de 1738, puesto que estas concluían con la «*protestantización*» de la francmasonería hannoveriana.[3] Esta cuestión precipitó la reacción del papado.

---

3 Colinon, Maurice; «*La Iglesia frente a la masonería*» (Buenos Aires, Editorial Huemul, 1963) p. 58.

He aquí los dos textos:

El texto de 1723

«**Un Masón está obligado por su título a obedecer la Ley moral y si comprende bien el Arte, no será jamás un ateo estúpido, ni un libertino irreligioso.** *Sin embargo, en los tiempos antiguos los Masones fueron inducidos en cada país a pertenecer a la religión de ese País o de aquella Nación, cualquiera fuese, no obstante, se le considera ahora como aceptable de someterlo a la Religión que todos los hombres aceptan, dejando a cada uno su particular opinión, y que consiste en ser hombres buenos y leales u hombres de honor y de probidad, cualesquiera fuesen las denominaciones o creencias que pudiesen distinguirlos; de este modo, la Masonería deviene el centro de unión y el medio de anudar una verdadera amistad entre personas que hubiesen debido permanecer perpetuamente alejadas entre sí.*»

El texto de 1738.

«**Un masón está obligado por su título a obedecer a la ley moral en tanto que verdadero noaquita y si comprende bien la profesión, él no será nunca un ateo estúpido, ni un libertino irreligioso ni actuará en contra de su conciencia.**»

«*En los tiempos antiguos, los masones cristianos eran llamados a actuar de acuerdo con las costumbres cristianas de cada país donde ellos viajaban. Pero la masonería existente en todas las naciones, aun de religiones diversas, lleva a que los masones adhieran a la religión según la cual todos los hombres están de acuerdo (dejando a cada hermano sus propias opiniones), es decir, ser hombres de bien y leales, hombres de honor y de probidad, cualquiera sean los nombres, religiones o confesiones que ayuden a distinguirlos:* **pues todos se articulan sobre los tres artículos de Noé suficientes para preservar el fundamento de la Logia.** *De este modo la Masonería es el centro de la unión y el feliz medio de unir a las personas, quienes, de otro modo, habrían permanecido perpetuamente desconocidas entre sí.*»

Está claro que en el proyecto Andersoniano de 1738 las cláusulas restrictivas en torno a la religión «en la que todo hombre conviene» debían ser eliminadas a fin de abrir la orden aún a aquellos que no eran cristianos. O tal vez, simplemente, los protestantes doblaran la apuesta.

Pero hay otro detalle en el texto de 1738 que merece particular atención: la frase «*un verdadero noaquita*», concepto al que ya hemos hecho referencia y que colocaba a la francmasonería como paradigma de una religión arcaica, poseedora de la tradición común de las tres grandes religiones monoteístas.

El 28 de abril 1738, un fatigado y ciego Clemente XII, jaqueado por sus cardenales, incitado por el Gran Inquisidor de Toscana -que veía con horror alzarse un ducado masónico en el emblemático principado de los Médici- promulgó, por fin, la bula «*In Eminenti*».

De esta forma Roma, que durante siglos había protegido a los masones operativos, que había tenido en ellos a los eficaces constructores de las iglesias y catedrales de la cristiandad y que había mantenido un discreto apoyo a las logias estuardistas, cuya causa alentaba, condenó por primera vez a la sociedad de los francmasones.

El documento, que entró en vigencia el 4 de mayo de aquel año, no es aún condenatorio del espíritu que subyace detrás de las logias. Es, en rigor de verdad, un abierto golpe a una sociedad —sospechosa y sospechada— que pretende mantener el secreto de sus actividades, el ocultamiento de sus fines y una liberalidad absolutamente «*perniciosa*» para todo católico.

Luego de la publicación de la bula, la represión se produjo en forma desigual según el país y la influencia que el clero ejerciera sobre los estados. Pese a que su texto era lo suficientemente virulento como para no dejar dudas, el edicto de publicación mereció una aclaración por parte del cardenal Firrao en 1739. En un decreto para los Estados Pontificios agregaba «*...Que ninguna persona pueda reunirse, juntarse o agregarse, en lugar alguno, con la indicada sociedad, ni hallarse presente en sus asambleas, bajo pena de muerte, y confiscación de sus bienes, en las que incurrirá irremisiblemente el contraventor, sin esperanza alguna de perdón...*» Pero ya era tarde. En pocos años, el «*Discurso*» de Ramsay se convertiría en el factor aglutinante de la antigua nobleza dispuesta a una nueva cruzada que no sólo reafirmaría el carácter cristiano de la Orden sino su voluntad de construir una nueva cristiandad más allá de las opiniones del Obispo de Roma.

Mientras tanto, se había abierto la caja de Pandora. Lo francmasonería capitular tenía ahora un perfil definido y una legitimidad institucional. Las tradiciones escocesas, prolijamente excluidas de los protocolos masónicos ingleses, se habían filtrado durante décadas a Francia. Los antiguos grados escoceses y su herencia templaria, mantenidos en secreto por generaciones de masones en las Islas Británicas se expandían en el continente con velocidad pasmosa. Esto significaba un traspié para la masonería hannoveriana que en 1717 había «fundado» la masonería moderna obviando toda referencia a las antiguas tradiciones de origen templario. Las «*Constituciones de Anderson*», señalaban una línea divisoria tras la cual se había borrado y destruido tanto como se había podido la génesis de los grados escoceses. En el futuro, pese al malestar que esto provocaba a la Gran Logia de Londres, el proceso de «*templarización*» de la francmasonería francesa no se detendría hasta la Revolución.

Pese a que se había solicitado a los episcopados que controlen esta situación, la misma se desmadró. Como si se hubiese recreado la antigua alianza benedictina-masónico-templaria, los abades asumen la presidencia de numerosas logias y establecen su asiento en los propios capítulos de sus abadías. De allí que, en el futuro, a la francmasonería de los «*Altos Grados*» se la conozca también como «*masonería capitular*», puesto que las tenidas se llevaban a cabo en las «*Salas Capitulares*», lugar de la abadía reservado a la lectura diaria de un capítulo del Evangelio y al diálogo de la comunidad de monjes. Del mismo modo, los presidentes de las logias compartían el título de «*venerables*», dignidad otorgada comúnmente a los abades y monjes destacados en la orden benedictina.

Pero antes de avanzar en la «*contra-conspiración de los abades*» echemos una mirada sobre la bula en cuestión y sus consecuencias inmediatas.

En principio, en la sociedad del siglo XVIII, ningún estado estaba dispuesto a tolerar la existencia de una sociedad secreta. Antes de 1738, diversos países, como Holanda y España, condenaron y prohibieron la actividad de las logias. Como hemos visto, el Consejo del Rey en Francia había recomendado la eliminación de «*esta Orden de Caballería*». La bula papal avanzaba en asuntos más complejos.

Decía Clemente: «*...Hemos sabido, y el estado público del asunto no nos ha dejado duda al respecto, de la formación de cierta sociedad, asamblea o asociación, bajo el nombre de francmasones o de Liberi Muratori, o con una denominación equivalente, de acuerdo con la diversidad de los idiomas, en la que son admitidas indiferentemente personas de cualquier religión o secta, las cuales, afectando la apariencia de una probidad natural, condición esta que es exigida como único requisito, han establecido para ellas ciertas leyes, determinados estatutos que los ligan entre sí, y que, en particular, los obligan, bajo las penas más graves, en virtud de un juramento prestado sobre las Sagradas Escrituras, a guardar un secreto inviolable acerca de todo cuanto ocurra en sus asambleas...*»

«*Si sus actos fueran irreprochables, los francmasones no evitarían con tanto cuidado la luz... Estas asociaciones son siempre dañinas a la tranquilidad del Estado y a la salud de las almas; y, desde nuestro punto de vista, ellas no concuerdan con nuestras leyes civiles y canónicas...*»

Desde antaño, la cuestión del secreto y los juramentos de las corporaciones de oficio era tema de preocupación para los reyes y los papas. Las condenas del Concilio Provincial de Avignon en 1326, las persecuciones sufridas en Inglaterra bajo el reinado de Isabel I y las requisitorias dirigidas contra las corporaciones por la Facultad de Teología de París, el 14 de marzo de 1645, son ejemplos suficientes que demuestran que desde el siglo XIV en adelante estas practicas estuvieron en la mira de la Iglesia y de los monarcas. En todo caso, lo novedoso de la bula debe buscarse en las acusaciones de herejía e inmoralidad con las que se despacha el papa. Curiosamente las mismas que habían sufrido los templarios en el siglo XIV: Herejía e Inmoralidad.

Pero sin dudas, la más enigmática de las frases contenidas en el documento papal es la última, en la que luego de describir las múltiples causas anteriormente señaladas agrega la sentencia: «*...y por otras razones por nos* *conocidas*». Develar cuales fueron esas misteriosas razones ha sido la obsesión de muchos historiadores.

Nosotros creemos que hay que buscarlas en la perturbadora alianza que volvía a pergeñarse entre el clero regular, las corporaciones masónicas y esta nueva caballería templaria. Eran numerosos los monasterios plegados a esta «*cristiandad*» masónica. No se trataba ya de los obreros de «*metier*», ni de burgueses en busca de títulos, honores y reconocimiento social. Eran príncipes de sangre real. Hombres con mando y disposición de tropas. Y estaban dispuestos a edificar una sociedad cristiana alejada de las sinuosidades dogmáticas de Roma. La caballería templaria estaba de regreso.

La condena papal jamás se aplicó en Francia. En esa época ninguna decisión de Roma tenía efecto en el reino si no era sancionada por el parlamento. Fleury, por razones que permanecen oscuras, nunca transmitió la bula «*In Eminente*» a los parlamentarios. Sin embargo, detrás de esta actitud parece moverse una sórdida trama de intereses y lealtades que culminarán en una sucesión de tragedias.

Hacia 1738 todo el alto mando masónico francés estaba en manos de los «*escoceses*» más puros: Ramsay, Macleane y Radcliffe encabezaban los poderosos capítulos de «*Elegidos*» que concitaban todo el estado mayor jacobita y buena parte de los pares de Francia. Luis XV tenía conciencia cabal del compromiso de su reino con la causa de Escocia.

Ramsay le envía al rey un claro mensaje cuando dice en su «*Discurso*» que fueron los escoceses los que conservaron la herencia espiritual e iniciática de las cruzadas y que los reyes de Francia supieron siempre reconocerles su valor confiándoles su guardia personal. «*Esta idea* —afirma Kervella— *carecía de originalidad pero era rigurosamente cierta, pues en los últimos dos siglos una galería de escoceses ilustres, grandes capitanes, príncipes, señores, magistrados y oficiales de la corona había prestado servicios a los monarcas franceses sirviéndolos con intachable lealtad*». ¿Qué haría el rey, ante las presiones de Roma, con estos leales jacobitas que, enrolados masivamente en la francmasonería, no sólo la controlaban sino que daban muestras del más ferviente ardor cristiano?

Para colmo, Fleury acababa de recibir un mensaje por intermedio de lord Sempill, enviado del mismísimo Jacobo III. Se trataba de un documento firmado por siete jefes de clanes, reunidos secretamente en Escocia, en el que aseguraban a Luis XV que «*los escoceses modernos son los verdaderos descendientes de aquellos que tuvieron el honor de contarse durante siglos como los más fieles aliados de los reyes de Francia, sus predecesores*». Allí estaban las firmas de James Drummond, 3º duque de Perth, de su tío Jean Drummond; Simón Frases de Lovat; Lord Linton, poco después conde de Traquaire; Donald Cameron, barón de Lochiel; William Mac Gregor, barón de Balhaldies y Jacques Campbell, barón de Achim-Breck.[4]

Sin dudas se trataba de una encrucijada para Luis XV.

Una vez más, los francmasones tomaron la iniciativa y nombraron Gran Maestre a un francés: Louis Pardaillan de Gondrin, duque d'Antin. La ceremonia se llevó a cabo el 24 de junio, día de San Juan, en el castillo de Aubigny (Pas de Calais) y fue presidida por el duque de Richmond. Pero esta vez la elección se había decidido sin el consentimiento de la Gran Logia de Londres, en donde la noticia cayó como un balde de agua fría; es muy probable que la cúpula jacobita de la masonería francesa pautara la elección del duque d'Antín con el propio Fleury[5].

Lo cierto es que el año 1738 marca la fecha en que la francmasonería francesa se independizó definitivamente de la tutela inglesa e instaló solemnemente a un Gran Maestro de la Masonería del Reino de Francia. El duque d'Antin contaba al menos con un antecedente: Había sucedido a Jules Hardouin-Mansard —uno de los grandes arquitectos del Palacio de Versalles— en el cargo de «Superintendente de Construcciones».

En cuanto al rey, prefirió no darle importancia al asunto. En una nota dirigida al embajador de Roma, Saint-Aignam, justificó de este modo su

[4] Kervella, *ob. cit.* 383.

[5] Mellor, *ob. cit.* p. 144.

actitud: «*...La bula que el papa ha dado contra los francmasones no bastará probablemente para abolir esta cofradía, sobre todo si no existe otro castigo que el temor a la excomunión. La Corte de Roma ha aplicado tan a menudo esta pena que ella es hoy día poco eficaz para reprimir. Esta sociedad había comenzado a hacer algunos progresos aquí. El rey le hizo saber que le disgustaba y desapareció...*»

Ramsay murió el 6 de mayo de 1743 en Saint-Germain-en-Laye. Para entonces su misión estaba cumplida. El complejo sistema diseñado por los francmasones «*escoceses*» se había establecido con fuerza, lejos de la tutela inglesa y al amparo de las iras de la Iglesia, cada vez más convencida del peligro que se cernía sobre ella. Paradójicamente, el triunfo de Ramsay había cerrado el paso a Voltaire y a los elementos más antirromanos de la Orden, construyendo una masonería pro católica, en modo alguno hostil a la monarquía. Pero en Roma persistía la certeza de que esta masonería, que anclaba su poder en la aristocracia, era más peligrosa aún que la de los rústicos artesanos que habían conformado las antiguas corporaciones de oficios.

## Capítulo X

# El retorno de la Antigua Alianza

### 1. El clero regular y la masonería de los «Altos Grados»

La numerosa presencia de eclesiásticos en la francmasonería del siglo XVIII sigue siendo un hecho significativo, sobre el que mucho se ha discutido. Los masones han explotado este dato al atribuirlo al carácter tolerante y universalista que reinaba en las logias, mientras que los príncipes de la Iglesia han preferido buscar sus causas en la debilidad de ciertos sacerdotes, la situación de crisis que vivía la iglesia francesa, el galicanismo y hasta cierta ingenuidad del clero ilustrado que buscaba en las logias un ámbito de expresión para las modas filosóficas de la época.

El fenómeno estaba tan difundido que, pese a los intentos por minimizarlo, no ha podido ser soslayado; Berteloot, Charles Ledré, Maurice Colinon y muchos otros autores católicos han ensayado las más diversas conjeturas. Pocos se han tomado el trabajo de comprender este fenómeno complejo. Se han confeccionado extensas listas de clérigos masones; en algunos casos como resultado de la frenética caza de traidores por parte del clero ultramontano: *¡Señalemos a los malos sacerdotes que se han aliado al enemigo más feroz de la Iglesia!*

Otros han comprendido que el fenómeno era mucho más inquietante. Ferrer Benimeli -uno de los más prestigiosos investigadores de la historia de la francmasonería- ha publicado una lista de más de tres mil religiosos afiliados a las logias. Se sabe que en el siglo XVIII muchas estaban conformadas por gente del clero; que en numerosos casos eran conducidas por ellos y que los más insospechados monasterios eran activos centros masónicos.

Es cierto que no puede atribuirse la totalidad del fenómeno a la sintonía del clero con los católicos jacobitas. Sin embargo es en este vínculo donde se percibe la mayor presencia del clero regular. El monasticismo del siglo XVIII comulgó con la causa jacobita y dejó su impronta en la francmasonería de los altos grados, introduciendo muchos de los elementos centrales de los rituales «*filosóficos*» con base templaria que aun hoy se practican.

Del mismo modo que los benedictinos del Imperio Carolingio establecieron las bases alegóricas del simbolismo masónico operativo, el clero regular del siglo XVIII proveyó de contenido a los altos grados, intervino en la conformación de la leyenda del tercer grado y mantuvo un alto perfil católico en los sistemas desarrollados en torno a la metáfora templaria.

Benedictinos, agustinos, franciscanos y jesuitas conformaron un sólido conjunto dentro de las logias y marcaron el espíritu de la nueva caballería templaria. El desarrollo «filosófico» que daría nacimiento a los sistemas y ritos masónicos de la segunda mitad del siglo no puede comprenderse sin su presencia y su aporte. Ya en la década de 1730 —época coincidente con la creciente penetración jacobita en las logias francesas— podemos encontrar manifestaciones tempranas de esta alianza.

A principios de la década, el regimiento de Fitz James, estacionado en Poitiers, estableció relaciones con la nobleza local, adquiriendo numerosos prosélitos a la causa jacobita. Entre ellos se destaca Rene de Pigis, abad comandatario de la abadía benedictina de Quincay desde 1718. En 1750 el abad de Pigis, ya anciano, recibe poderes para abrir allí un Capítulo de los «*caballeros elegidos*»; Lo secundan Charles Gaebier, canónigo de la iglesia de Santa Radagonde, el abad Pierre-Francoise

Fummé, prior de la misma iglesia y otros altos señores con cargos civiles de jerarquía.

Por la misma época, monseñor Conan de Saint Luc denuncia la presencia de frailes en la logia de Quimper, pero estos obtienen la rápida protección del arzobispo de Tours.[1] Hecho similar ocurre con el obispo de Marsella en 1737 cuando denuncia ante el intendente de Provenza la pretensión del Marqués de Calvière, venerable de Avignon de fundar una logia en la ciudad de los papas!

Los monasterios de Guise y de Troyes se convirtieron en importantes capítulos masónicos, a los que podría sumarse una larga lista de logias en las que el clero regular —en especial los benedictinos— tenía la conducción[2]. Pero el dato más sorprendente es que en la propia abadía de Clervaux —la misma en la que San Bernardo redactara la Regla Templaria— funcionó, durante muchos años, uno de los centros masónicos más importantes de Francia. También es un hecho constatado que el clero regular belga se incorporó en masa a la masonería en el siglo XVIII, con la aprobación de algunos de sus obispos.[3]

Ante estos antecedentes resulta pueril sostener que se trataba solo de ovejas descarriadas. Tan pueril como creer que la francmasonería fuese capaz de atraer la atención del clero regular sólo por la seducción de sus principios y su condición de «*elite*» en tiempos de la Ilustración.

Por el contrario, la incorporación del clero regular a las logias debe haber constituido un objetivo de las logias estuardistas que —a causa de

---

1 Ledré, Charles; «*La Masonería*» (Andorra, Editorial Casal I Vall, 1958) p. 77.

2 Como es el caso de Glanfeuil: Logia «*Tierno acogimiento*». Casi todos los cargos están ostentados por eclesiásticos. Su venerable es Legrand, benedictino. (1773) 14 eclesiásticos sobre 20 masones. En Compiegne en 1777 la Logia «*Saint Germain*» tenía como venerable al abate Bourgeois y la conformaban 14 eclesiasticos: benedictinos, dominicos, capuchinos y franciscanos. Otras logias con presencia eclesiástica importante: Alençon: Logia «*San Cristóbal de la Fuerte Unión*»; Les Andelys: «*Logia Perfecta Cordialidad*»; Annonay: Logia «*Verdadera Virtud*»; Bayonne: Logia «*El Celo*»; Lyon: Logia «*San Juan de Jerusalén*»; Narbonne: Logia «*Perfecta Unión*»; Orleáns: Logia «*La Unión*»; Rennes: Logia «*Perfecta Unión*».

3 Colinon, *ob. cit.* p. 74 y ss.

su tradición escocesa— mantenían desde hacía siglos la presencia de capellanes en sus estructuras masónicas y conocían el antiguo vínculo entre las logias operativas y las logias cluniacenses, cuya tradición habían heredado. Su Logia Madre de Kilwinning era —de hecho— una logia de constructores benedictinos.

Oswald Wirth reconoce esta proximidad cuando afirma que no sólo *«...la masonería francesa del siglo XVIII no era de ninguna manera hostil al catolicismo ni discutía ninguna cuestión de dogma dejando a cada cual sus creencias...»* sino que *«...Todo sacerdote era considerado sagrado, cuya ordenación correspondía según las ideas de la época, a la suprema iniciación...»* y agrega: *«En estas condiciones más de un eclesiástico reunió en sí las dignidades de la Iglesia con aquellas de la Masonería, y se encontraba esto muy natural...»*[4]

Todo lleva a pensar que el clero regular fue el responsable de introducir gran parte de las doctrinas del grado de «*Maestro*», y de los distintos grados de «*Elegidos*». A su vez, el sincretismo de estas doctrinas surgidas de los monasterios con las corrientes rosacruces y herméticas —que se venían desarrollando en el seno de las logias desde el siglo XVII— dieron por resultado el conjunto de ritos filosóficos y místicos que constituyeron la característica principal de la masonería del siglo XVIII.

Esto explica por qué razón el anticlericalismo de la masonería del siglo XIX cargó con tanta vehemencia contra Ramsay y los Altos Grados, descalificándolo con un desprecio inaudito.

Findel lo define como un fabulador cuya *«peligrosa innovación ha persistido a pesar de la perseverante oposición de todos los buenos masones...»* y el Diccionario Enciclopédico de la Francmasonería de Frau Abrines lo incluye entre los masones ilustres, pero lo acusa de ser *«...el primero que rompió la unidad del primitivo simbolismo, creando el sistema supermasónico de los altos grados, e inventando la fábula jesuítica templaria que les sirve de base...»*

*«Los altos grados* —decía el historiador G. Martin— *nacieron de esa necesidad de sublimar la francmasonería y despojarla del aspecto profesional que chocaba a*

4 Wirth, Oswald, «*El Libro del Aprendiz Masón*» (Santiago de Chile) p. 65.

*los caballeros, hombres para quienes el trabajo manual representaba, desde hacía siglos, una mancha indeleble para cualquier blasón...*» Pese a estas diatribas desmedidas, hay muchos indicios que indican que el grado de maestro —y no sólo los «Altos Grados» — fue creado por los *escoceses* con una fuerte influencia monástica.

## 2. Los benedictinos y la leyenda del Tercer Grado

Hasta principios del siglo XVIII no se conocían en la francmasonería más que dos grados: aprendiz y compañero. El término de «*maestro*» sólo se aplicaba al hermano que conducía la logia y que actualmente se denomina «*venerable*», tal como antiguamente los abades benedictinos. La aparición del grado de maestro debe situarse en esa época, al igual que la introducción de la leyenda de Hiram sobre la que se sustenta y que era conocida por los benedictinos desde la Edad Media.

En esos años comienzan a circular documentos que contienen alegorías y narraciones que luego conforman la leyenda de Hiram Abi y se incorporan al ritual de exaltación al grado de «*Maestro Masón*». El más importante de estos documentos es el «*Manuscrito Graham*», escrito en 1726, pero que seguramente recoge el contenido de documentos anteriores.

Se cree que las corporaciones de albañiles medievales conocían muy poco acerca del drama ritual que actualmente se representa en la ceremonia de exaltación al grado de maestro. La figura de Hiram Abi —el hábil arquitecto del Templo de Salomón y modelo de masón perfecto— era conocida por los masones operativos, pero no se trataba de una figura excluyente en la leyenda del tercer grado como lo es hoy[5].

[5] D'Alviella, Goblet, «*Los Orígenes del Grado de Maestro en la Francmasonería*» (España, Edicomunicaciones S.A., 1991) p. 69.

En base a esta ausencia de antecedentes, es lógico que muchos hayan querido ver en la leyenda de Hiram una alegoría sobre el asesinato de Carlos I Estuardo. Paul Naudon sugiere que los símbolos del tercer grado, y especialmente la leyenda, parecen haber sido tomados de la conjura que hicieron los amigos del rey para vengar su muerte y colocar en el trono a su hijo[6]. Sin embargo, una versión muy similar de la muerte de Hiram a manos de tres compañeros traidores —que pretenden arrancarle determinados secretos— es referida por Gerard de Nerval en su obra *«Voyage en Orient»*[7]. Este autor francés del siglo XIX asegura haberla escuchado en los cafés de Estambul, durante las noches de Ramadán, en la forma de cuentos.

Esto abre un serio interrogante acerca del origen de la ceremonia más importante de la francmasonería; salvo que de Nerval, que era masón y novelista, utilizara su conocimiento acerca de la leyenda del tercer grado para construir una ficción y otorgarle —de paso— un intrigante origen oriental.

Tal vez, el origen del grado de maestro haya que buscarlo en las salas capitulares de las abadías benedictinas, lo cual confirmaría, una vez más, el poderoso vínculo que ha unido a ambas órdenes desde los tiempos de las cruzadas.

Existe una llamativa semejanza entre la ceremonia de exaltación al grado de maestro masón, y la profesión de votos que realiza el monje benedictino en la última etapa de su ordenación, cuyo origen es mucho más antiguo. Creemos conveniente describir sucintamente lo que ya hemos expuesto en nuestro trabajo sobre «*Los orígenes monásticos de la francmasonería*».[8]

En ambas ceremonias el candidato muere y es colocado bajo una mortaja —o en un ataúd— para luego renacer en una condición diferente,

6 Naudón, Paul, *ob. cit* p. 265.

7 Ver «*La Historia de la Reina de la Mañana y de Solimán, Príncipe de los Genios*».

8 Callaey, Eduardo R. «*Ordo Laicorum ab Monacorum Ordine*»; (Buenos Aires, Academia de Estudios Masónicos, 2004).

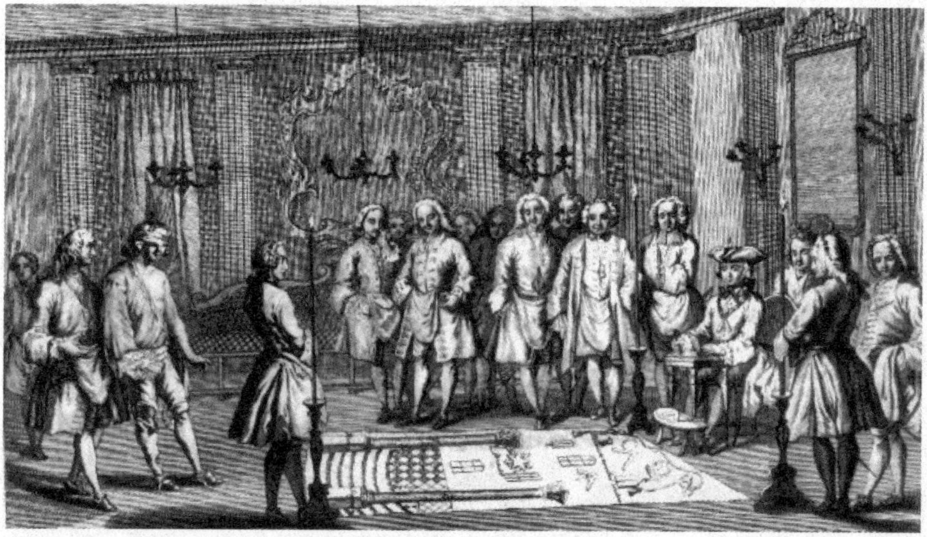

*Su carácter de «Sociedad Iniciática» es lo que torna a la Orden Masónica diferente de cualquier otra institución, emparentándola con las antiguas sociedades secretas de Egipto, Grecia y Roma. Estos grabados franceses de 1745 reproducen la ceremonia de iniciación en el grado de Aprendiz y la exaltación al grado de Maestro Masón. Esta última tiene profundas similitudes con la ceremonia de «profeso» de la Orden Benedictina.*

superior. Resulta interesante remarcar que esto se lleva a cabo en la última etapa de la «iniciación». En el caso de la masonería, la exaltación tiene lugar luego de que el candidato ha atravesado la condición de aprendiz, y la de compañero. En la Orden de San Benito, el profeso fue previamente aspirante, postulante y novicio.

La similitud entre ambos ritos ha sido ampliamente investigada por escritores masones, en particular belgas y alemanes. El Gran Maestre belga Goblet D' Alviella, por ejemplo, señala que la «*profesión de votos*» —como se llama a la iniciación de los novicios, especialmente en la orden de los benedictinos— implica una muerte y una resurrección simuladas.[9] Según el ritual —que continuaba aun en vigor a fines del siglo XIX— el novicio se tendía en el suelo frente al altar, bajo una mortaja, entre cuatro cirios, y se leía el oficio de los difuntos. La asistencia entonaba el *Miserere*; luego, el candidato se incorporaba, daba a cada uno el beso de la paz y tomaba la comunión de manos del abad. A partir de ese día adoptaba otro nombre, que conservaría hasta su lecho de muerte.

La costumbre de elegir un nombre simbólico está todavía vigente en algunas obediencias masónicas, aunque en la masonería latina se haya desvirtuado su sentido, atribuyéndole razones políticas: Evitar dar a conocer la verdadera identidad en caso de sufrir persecución. El real significado es que una nueva vida necesita un nuevo nombre, pues desde la más remota antigüedad a los iniciados se les ha llamado «los dos veces nacidos».

El profeso benedictino —al igual que el maestro masón— nace a una nueva vida. Aún en la actualidad, aquel monje que solicita sus votos solemnes, recibe como signo de su profesión la investidura de la cogulla, como testimonio de su entrega total a Cristo y su muerte al mundo.

August Pauls, Soberano Gran Comendador del Supremo Consejo Grado 33 de Alemania dice al respecto:

> *«Muchas veces se ha afirmado que la Leyenda de Hiram nació del ceremonial del profeso benedictino, sea que la idea de fondo provenga de la consagración de monjes de*

---

[9] Goblet D'Alviella, *ob. cit.* p. 57.

*esa Orden Católica o del ritual de iniciación de otra orden católica, de monjes o seculares, que tenía ese ceremonial Benedictino...»*

*«Tal como en la Orden Benedictina el neoprofeso representa en cierto grado a Cristo, así simboliza en su exaltación el Compañero a Hiram, considerado como el masón más perfecto de la tierra. Ambos son tratados en cripta mística, y también en un ataúd, como muertos, en algunos sistemas masónicos y en algunas órdenes católicas.»*

*«Los dos viven su resurrección simbólica, el neoprofeso por mandato del Diácono y el francmasón por el Venerable Maestro mediante el toque y la Palabra del Maestro. Pero el contenido y sentido de las dos ceremonias muestran ya una diferencia básica. Mientras que el neoprofeso adopta él mismo, en señal de obediencia, la posición del muerto, el candidato en el Grado de Maestro sufre el destino, no según la Biblia, sino que según la Leyenda del Maestro Hiram, asesinado por tres compañeros pérfidos y es, como él, la víctima del cumplimiento del deber y del secreto...»*[10]

Existe cierta literatura masónica —en especial alemana y particularmente escasa— en la que se ha comparado la profesión de votos entre los benedictinos y la consagración de maestros entre los masones. Marcial Ruiz Torres investigó esta cuestión basándose en trabajos y testimonios de autores alemanes, y volcó sus resultados en el «Libro del Maestro Masón».[11]

Allí afirma que escritores como Findel en su «*Historia de la Francmasonería*» y Karl Bayer, ven a los rituales benedictinos como una fuente francmasónica. Menciona también a tres hermanos de la Gran Logia Nacional «Los Tres Globos» de Berlín, a los que le atribuye el mérito de haber dilucidado la cuestión: Johann Heinrich Sonnekalb[12], quien describe el ritual benedictino en su obra sobre el grado de maestro; Kingelhoefer,

10 Pauls, August; «*Nacimiento, desarrollo y significado del Grado de Maestro*» (Santiago de Chile, Cuadernos Simbólicos de la Gran Logia de Chile, Vol. I,) pp. 26 y 27.

11 Ruiz Torres, Marcial; «Libro del Maestro Masón» (Buenos Aires, Gran Logia de la Argentina, 1982).

12 Sonnekalb —que es considerado como uno de los eruditos de la prehistoria de la Francmasonería— no dudaba en afirmar que el origen de la institución debía buscarse en las asociaciones de picapedreros de la época de la construcción de las catedrales, en oposición a quienes pretendían remontarla a orígenes pretéritos.

por su tratado sobre «*La consagración de monjes entre los benedictinos y la consagración de maestros en nuestra Orden*», publicados en 1931 y basado en obras impresas de la Orden Benedictina;[13] y en especial, los trabajos de Edwin Rousselle, publicados bajo el título «*Sobre el Rito de Profesos Benedictinos*»[14]. Rousselle integró el «*Círculo de Eranos*», al que pertenecieron figuras fundamentales de la filosofía, el estudio de las religiones, la hermenéutica y el simbolismo, entre los que se destacaron Henry Corbin, Mircea Eliade, y Carl Gustav Jung. Se cree que este círculo actuaba como una verdadera sociedad secreta bajo el amparo de la francmasonería.

En el trabajo mencionado, describe que —en oportunidad de hospedarse en el Convento benedictino de Beurón, en 1919— pudo tomar notas de un antiguo ritual de 1868, vigente hasta 1914, y que, a su vez, se basaba en otros más antiguos. En términos generales, este ritual coincidía con las descripciones realizadas por Goblet D'Alviella.

13 «*Cuadernos para los Maestros de San Juan*» (Zirkelkorrespondenz, Alemania, 1931).

14 *Loc. cit.*

## Capítulo XI

# Von Hund y la Estricta Observancia Templaria

### 1. Imperium Templi

Los esfuerzos de Ramsay y de la francmasonería jacobita alcanzaron éxitos insospechados. Pese a que en su discurso sólo hace mención a los cruzados, la imagen de los caballeros templarios fue inmediatamente asociada y convertida en el eje de muchos de los rituales desarrollados entre los «*Elegidos*». Los Altos Grados proliferaron con rapidez y muy pronto las principales ciudades de Francia poseyeron sus «*capítulos*» y sus «*logias de perfección*».

Pero los líderes escoceses preparaban un plan general que restaurara la Orden del Temple en Europa. Pese al éxito obtenido por Ramsay y el desarrollo de los capítulos, esta nueva caballería pretendía organizarse en una verdadera Orden llamada a controlar la francmasonería y —justo es decirlo— servirse de ella.

La tarea demandó un tiempo; probablemente el necesario para la selección de aquellos hombres que podrían llevar a cabo tan ambicioso plan. Durante algunos años, el alto mando *escocés* desarrolló la idea de un «*Imperio Transnacional*» que superase las divisiones provocadas por los cismas religiosos y las vicisitudes políticas de Europa. Esta idea debía incluir una estructura moral que rigiese la vida de los estados seculares, imbuidos del ideal masónico de paz, fraternidad, tolerancia, virtud y progreso.[1]

Se necesitaba un hombre especial, un espíritu a la vez justo y audaz, en alguna medida ingenuo, convencido de la existencia de una tradición sólo accesible a ciertos iniciados; que fuese lo suficientemente dócil para aceptar ser controlado por los jacobitas pero tan intrépido como para concitar la lealtad de nobles y príncipes. ¿Dónde encontrarlo?

En 1742 Francfort se había convertido en un hervidero de jóvenes aristócratas atraídos por la pompa de la consagración de Carlos VII. Hacia allí convergían cuerpos militares con sus logias, acompañando a las grandes embajadas de los estados europeos e infinidad de caballeros y gentiles hombres que no querían perderse tan magnífico evento.

La más numerosa y ostentosa de las embajadas, era, sin dudas, la del mariscal Belle-Isle, representante de Luis XV, enviado a la inminente coronación de Carlos. Entre los hombres que acompañaban a Belle-Isle abundaban los elementos francmasones jacobitas, algunos de alto nivel como es el caso de La Tierce —redactor de las constituciones masónicas francesas de 1742 que incluirían en el prefacio al discurso de Ramsay— sobre quien volveremos más tarde.

Algunos de estos caballeros que acompañaban al mariscal, se apresuraron a conformar una logia en Francfort en la que fueron iniciados numerosos aristócratas alemanes. Uno de ellos, el barón Carl-Gotthelf von Hund, señor de Altengrotkau y de Lipse, llevaría a cabo el plan de los jacobitas y constituiría el movimiento masónico-templario de más vasto alcance en la historia moderna.

Tenía apenas veintiún años, pero este gentilhombre de cierta fortuna, nacido en la Lucase, demostraría estar a la altura de la enorme exigencia a la que sería sometido por sus «*Superiores Ignorados*».

---

[1] Labée, Francois «*Chroniques d'Histoire Maçonnique*» Nº 48 (Paris, Iderm, 1997) pp. 3-9.

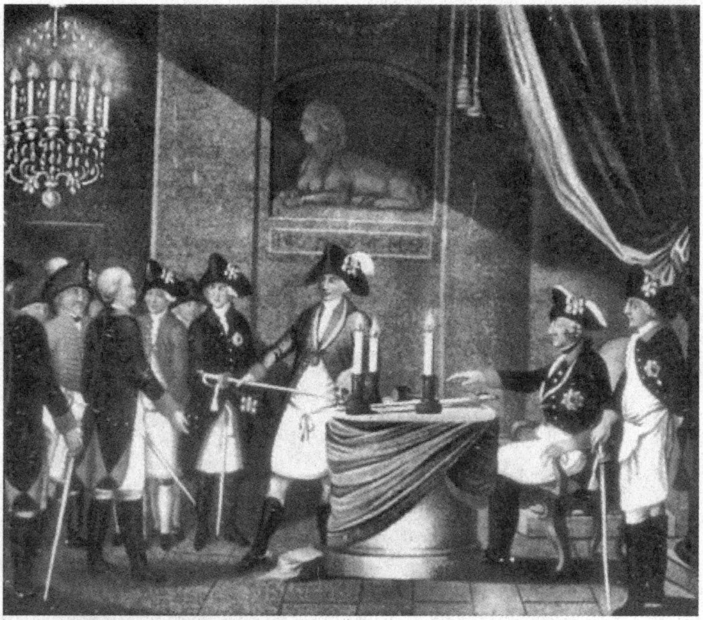

*Las logias que trabajaban en los regimientos estuardistas estacionados en Francia parecen haber tenido un papel preponderante en la incorporación de nuevos adeptos, principalmente entre militares —nobles en su mayoría— tanto franceses como alemanes, en campaña sobre el Rhin y en Italia. (Oficiales y nobles alemanes y franceses inician al Margrave Friedrich von Brandenburg-Bayreuth en 1740.) y (Retrato de Friedrich von Brandenburg-Bayreuth).*

Coinciden las fuentes en que un año después de su iniciación en Francfort viajó a París, donde permaneció algunos meses. Se le introdujo rápidamente en la masonería capitular y pronto estuvo en posesión de los secretos de los Altos Grados. Abrazó de inmediato el pensamiento de Ramsay: Todo verdadero masón es un caballero templario.

*Los masones estuardistas que acompañaban al mariscal Belle-Isle a la consagración de Carlos VII, se apresuraron a conformar una logia en Francfort en la que fueron iniciados numerosos aristócratas alemanes. Uno de ellos, el barón Carl-Gotthelf von Hund, señor de Altengrotkau y de Lipse, llevaría a cabo el plan de los jacobitas y constituiría el movimiento masónico-templario de más vasto alcance en la historia moderna. (Retrato del mariscal Belle-Isle).*

Fue convocado entonces —según referiría años más tarde— a un cónclave secreto en el más alto nivel de la masonería jacobita. Allí, lord William Kilmarnock y lord Cliffords, en presencia de otro misterioso personaje —al que Hund nunca se refirió con otro nombre que el de «*Caballero de la pluma roja*» — fue hecho «*Caballero Templario*».

En la misma reunión le fue impuesto un nombre de guerra con el que sería reconocido en adelante —*eques ab ense* (caballero de la espada)— y se le comunicó la historia secreta de la supervivencia templaria en Escocia. En efecto, estos hombres explicaron a von Hund el modo en que la Orden del Temple había mantenido en secreto su existencia, estableciéndose en Escocia desde las remotas épocas de la persecución. En rigor, la versión coincidía con el relato de Ramsay, pero esta vez los escoceses habían sido más explícitos en el carácter «*templario*» de los refugiados. Se le dijo también que la nómina de los Grandes Maestres sucedidos desde entonces había permanecido igualmente secreta, así como el nombre de los actuales jefes a los que se los denominaba con el sugerente nombre de «*Superiores Ignorados*». Nadie podía conocer la identidad de los jefes vivos ni del actual Gran Maestre. Podrá el lector imaginarse fácilmente cuánto sería explotada en adelante esta cuestión de los superiores desconocidos. Pero volvamos a nuestro relato.

Hund recibió una «*patente*» de Gran Maestre de la séptima provincia del Temple, que era Alemania, e instrucciones precisas acerca de su misión: Reestablecer la Orden en sus antiguas provincias, reclutar sus caballeros entre los elementos más nobles de la francmasonería capitular y proveer el financiamiento económico de toda la nueva estructura templaria.

Todo esto fue tomado muy en serio por Hund, que se abocó de inmediato a la tarea. A cambio sólo recibió de sus superiores ignorados el compromiso de mantenerse en contacto epistolar, mediante el que recibiría futuras instrucciones.

*El barón Carl-Gotthelf von Hund, recibió una* «patente» *de Gran Maestre de la séptima provincia del Temple, que era Alemania, e instrucciones precisas acerca de su misión: Reestablecer la Orden en sus antiguas provincias, reclutar sus caballeros entre los elementos más nobles de la francmasonería capitular y proveer el financiamiento económico de toda la nueva estructura templaria.*

Regresó a Alemania y comenzó a trabajar en secreto con un selecto grupo de hermanos suyos a los que nombró «caballeros» en base al modelo de Estatutos que él calificaba de «*originales*. Se abocó a redactar los nuevos rituales de la Orden —probablemente inspirado en la «*Historia Templariorum*», publicada por Gürtler en 1703— y trazó un ambicioso plan que incluía un esquema financiero mediante audaces operaciones comerciales, cuyas rentas, otorgaron a la Orden un creciente poder económico. Para Hund este no era más que el paso previo para la recuperación de las antiguas posesiones del Temple.

En 1751 fundó en Kittlitz la logia «*las Tres Columnas*» que muy pronto tomó contacto y se asoció con la logia de Naumborg. En poco tiempo logró agrupar un importante grupo de logias. Le dio a su Orden el nombre de «*Estricta Observancia Templaria*» en referencia al absoluto secreto que debían mantener sus afiliados y a la idea de vasallaje, tomada de las prácticas feudales de la Edad Media. Logró, en pocos años, que catorce príncipes reinantes en Europa le juraran obediencia. Los templarios de

Hund se expandieron de tal forma que logró controlar los cuadros más prominentes de la francmasonería europea. Sólo en Alemania veintiséis nobles llegaron a pertenecer a la Orden de la Estricta Observancia, entre ellos el duque de Brunswik. Nunca antes ni después se asistiría a una restauración tan profunda del Temple.

El espíritu caballeresco del medioevo encontró en la nueva Orden su expresión más pura. En el aspecto externo, la Estricta Observancia se caracterizó por un retorno a la antigua liturgia: Armaduras y atuendos principescos, banquetes refinados de estilo medieval, ceremonias complejas rodeadas de pompa en los antiguos castillos y una amplia jerarquía de títulos y honores que la convertían en una organización rígida y piramidal. A juzgar por el tenor de sus integrantes y de la férrea práctica de los estatutos y las reglas, puede afirmarse que esta Orden pudo haber llegado a constituir un factor político y militar de peligroso pronóstico.

Pero el aspecto interno no parece haber tenido un correlato similar. No se conoce, o al menos no ha llegado a nosotros, un legado propio en cuanto a su filosofía y a su desarrollo intelectual. La época coincidió con un verdadero auge del hermetismo y la alquimia, sumados a una fuerte revaloración del mundo antiguo que ya anticipaba la «fiebre arqueológica» de los alemanes del siglo XIX. Las bases operativas de la Estricta Observancia se constituyeron en laboratorios donde los aristócratas se apasionaron por el estudio de la naturaleza oculta de los elementos.

Pero una consecuencia no prevista colocó en crisis a toda la estructura. Una verdadera fiebre por los grados templarios invadió a la nobleza, pero también a los cuadros de la alta burguesía de los Capítulos de Elegidos dando lugar a toda suerte de engaños y falsificaciones que derivaron en estafas que causaron enorme daño a la Estricta Observancia. Nacieron entonces, provocando un verdadero caos, numerosos falsos grados y sistemas que desnaturalizaron por completo el antiguo esquema básico de la francmasonería.

Esta situación obligó a Hund a poner orden en medio de tanta confusión y revelar el origen de su autoridad que —según su propia confesión— procedía de los propios Estuardo, los verdaderos Superiores Ignorados. En 1764, el hombre que había construido el nuevo Temple desde las sombras, se dio a conocer públicamente invitando a sus hermanos francmasones a que se unieran a la Estricta Observancia, lo que causó gran revuelo y no pocas disputas internas. Lamentablemente, a la hora de revalidar sus títulos sólo pudo exhibir una carta patente de origen incierto y una copiosa correspondencia con jefes conocidos y desconocidos, procedentes de Old Aberdeen. Debió confesar también que esta correspondencia se había interrumpido pocos años después de la famosa reunión con el «*Caballero de la pluma roja*».

*Carta Patente de una logia de la Orden de la Estricta Observancia Templaria. Se observa claramente la firma del barón von Hund («*Frater Carolus, Eques ab Ense*» – Caballero de la Espada). El texto está escrito en la tradicional criptografía masónica.*

## 2. El misterio de los «Superiores Ignorados»

Un análisis de los hechos descritos arroja en principio una certeza: La Orden tenía un claro origen estuardista y en cualquier caso, la restauración templaria formó parte del vasto plan de la francmasonería jacobita.

La primera pauta la da la presencia de lord Kilmarnock en la reunión de París. Antiguo venerable de la logia Old Falkirk, Kilmarnock fue Gran Maestre de Escocia desde 1742, año en que asumió la conducción de la ilustre logia nº 0 de Kilwinning, cuyos orígenes se pierden —como hemos visto— en la más remota antigüedad.

Se ha especulado con la identidad del «*Caballero de la pluma roja*». Algunos creen que pudo haber sido el propio Carlos Eduardo Estuardo. En contra de esta teoría podríamos argumentar que a la muerte de von Hund, ocurrida en 1776, los nuevos dirigentes de la Estricta Observancia enviaron al Pretendiente un emisario con el fin de que aclarara la duda. Este respondió, de su puño y letra la desmentida, agregando que ¡jamás había pertenecido a la francmasonería! Para otros esta desmentida no significa nada, puesto que el príncipe —como señala Alec Mellor— bien podía estar mintiendo al mismo tiempo que desmentía. En efecto, el último sucesor legítimo de los Estuardo murió exiliado en Roma en 1788 y muchos afirman que aun soñaba con la creación de un reino templario en Escocia.[2]

Cabe la posibilidad de que el «*Caballero de la pluma roja*» no haya sido otro que Charles Radcliff, lord Derwentwater, cuyo papel en toda esta trama ha sido trascendental. De ser cierta esta teoría, nos encontramos con razones suficientes para explicar porqué Hund vio interrumpida su comunicación con los Superiores Ignorados. Kilmarnock fue capturado en 1745 y decapitado en la Torre de Londres. Radcliff sufrió el mismo destino. Luego de ser capturado en noviembre de 1745, en su último intento

[2] Beck, Andreas; *ob. cit.* p. 178-179.

por desembarcar en Escocia, fue decapitado en la misma Torre el 8 de diciembre de 1746.

Es conocida su póstuma declaración, dada a conocer el día de su ejecución, cuyo texto reproducimos:

> «*Muero como hijo verdadero, obediente y humilde de la Santa iglesia católica y apostólica, en perfecta caridad con la humanidad entera, queriendo verdaderamente el bien de mi querido país, que nunca podrá ser feliz sin hacer justicia al mejor y al más injustamente tratado de los reyes. Muero con todos los sentimientos de gratitud, respeto y amor que tengo por el Rey de Francia, Luis el Bienamado (un nombre glorioso). Recomiendo a Su Majestad mi amada familia. Me arrepiento de todos mis pecados y tengo la firme confianza de obtener merced del Dios misericordioso, por los méritos de Jesucristo, su hijo bendito, nuestro Señor, a quien recomiendo mi alma. Amén.*»[3]

Así dejaba este mundo quien había sido Gran Maestre de Francia y uno de los jefes de la restauración de la francmasonería templaria.

Ese mismo año, el desastre de la batalla de Culloden —como consecuencia de la cual murió gran parte del alto mando jacobita— marcó el trágico fin de la causa estuardista y la consolidación de la dinastía Hannover. Muchos de los más altos exponentes del escocismo masónico perecieron en ella.

En tal caso, el martirio de los francmasones jacobitas marcó el principio del fin de la masonería católica, cuya derrota militar privó a la restauración templaria de sus máximos inspiradores, sus Superiores Ignorados.

Luego de la muerte de Hund la Estricta Observancia se debilitó y se apartó paulatinamente de sus orígenes templarios hasta constituirse en el denominado «*Rito Escocés Rectificado*». Por su parte, los capítulos de caballeros elegidos devinieron en complejos sistemas que dieron nacimiento al Rito Escocés Antiguo y Aceptado. Hacia fines del siglo XVIII, lo poco que quedaba de la antigua francmasonería católica fue

[3] Mellor *ob. cit.* p. 187-188.

barrido por la revolución. Ya no había lugar para una reliquia del Antiguo Régimen.

En efecto, la Revolución Francesa, que asumiría como propia la divisa masónica de Libertad, Igualdad y Fraternidad, se devoró a gran parte de sus hijos y aniquiló todo vestigio de aquel intento de restaurar la antigua alianza entre templarios, masones y benedictinos. Resulta inexplicable a todas luces que la nobleza francesa haya sido la primera víctima de la revolución que había ayudado a edificar con sus mejores hombres. Pero fue así.

Bernard Faÿ, el historiador petanista que redactó los decretos antimasónicos de la efímera República de Vichy, llamó a esto «*el suicidio masónico de la alta nobleza de Francia*». Pues, como bien señala «*...si el duque de Orleáns, Mirabeau, La Fayette, la familia de Noailles, los La Rochefoucauld, Bouillón, Lameth y demás nobles liberales no hubiesen desertado de las filas de la aristocracia para servir la causa del estado llano y la Revolución, habría faltado a los revolucionarios el apoyo que les permitió triunfar desde un principio...*»

La mayoría de ellos ayudó a la revolución que decapitó a la monarquía para después ser decapitados ellos mismos por la propia revolución.

Luego del Terror, la francmasonería francesa del siglo XIX cambió su rostro aristocrático por el más democrático de la burguesía. Podría decirse que, en términos de clase, retornó a su pasado corporativo, pues la masonería laica, la que construyó las catedrales góticas, fue un fenómeno fundamentalmente urbano y por lo tanto burgués. Pero si aquella era católica y devota de sus Santos Patronos, esta se alejó del catolicismo hasta aborrecerlo. Aun así, no pudo borrar las huellas que habían dejado los escoceses con sus capellanes, su tradición templaria y su carga de «esoterismo» que caracteriza al Rito Escocés Antiguo y Aceptado.

El relieve en piedra de la famosa capilla de Rosslyn no necesita de documentos secretos ni de genealogías dudosas. Cualquier masón —cinco siglos después de haber sido esculpido— es capaz de reconocer allí a un hombre con atuendo templario conduciendo a un candidato en su ceremonia de iniciación como aprendiz masón. Para los masones las piedras hablan.

Los templarios eran guerreros; pero también eran monjes. Sus huellas todavía se perciben y su divisa aun conmueve: *«Non nobis Domine, sed Nomine tuo ad Gloriam»*: No es para nosotros, Señor, sino para la Gloria de tu Nombre.

## Capítulo XII

# El Ocaso de la Francmasonería Cristiana

### 1. ¿Quién heredó al Temple?

Los templarios todavía dan que hablar. Se los encuentra en dos grandes grupos. Los que adhieren a los diferentes sistemas masónicos que han conservado los rituales desarrollados en el siglo XVIII y los que insisten en que la Iglesia debiera revisar su prohibición de restablecer la antigua Orden, levantando los cargos de un juicio injusto y devolviendo el honor a una institución que dejó más de veinte mil muertos en los campos de batalla en defensa de la Cruz.

En las últimas décadas han aparecido en Europa diversos grupos neo templarios de distinto signo: Algunos proclives a hacer reverdecer las leyendas del Grial, las peripecias de María Magdalena y las supuestas heredades merovingias. Otros han optado por ocuparse de actividades más inclinadas a la filantropía, el mecenazgo y la cultura. Estos últimos se han agrupado en torno a una «*Confederación de Ordenes Templarias*» que no ha merecido mayores comentarios de la Iglesia.

Pero se sabe que entre ellos los hay algunos con un fuerte sesgo católico. Se cree que actúan con cierta aquiescencia de Roma que hace la vista gorda y los alienta discretamente. Algunos sectores de la Iglesia han propugnado su impulso puesto que se los considera un contrapeso del templarismo masónico. Estos nuevos templarios que se entusiasman con una restauración de la antigua orden en el seno del catolicismo suelen señalar a los que buscaron refugio en Escocia con el despectivo mote de «*desertori templi*». La intención resulta clara y no merece mayores comentarios.

A diferencia de estos émulos del Temple —manipuladores de árboles genealógicos, expertos en construir sucesiones clandestinas, fabricantes sagaces de «manuscritos secretos» y «dossier envejecidos» con olor a tinta nueva— los «*desertori templi*» no han necesitado ninguno de estos artilugios. Las tradiciones no pueden inventarse en un laboratorio literario; necesitan de generaciones capaces de trasmitirlas y de estructuras que desafíen a los siglos. Pero hace falta algo aun más complejo: una conciencia colectiva construida en el sustrato mismo de la sociedad. Es por ello que cuando la francmasonería escocesa proclamó su tradición «cruzada» en Francia, lo que quedaba de las antiguas corporaciones galas no dudó en aquella reivindicación. Había una presciencia de la legitimidad de los escoceses.

En 1992, el teólogo alemán Andreas Beck publicó un estudio sobre el juicio llevado a cabo a la Orden del Temple, titulado «*El fin de los Templarios*». En el mismo describe quince razones jurídicas y formales por las que el proceso debiera declararse nulo y la Orden del Temple restablecida. Hacia el final del libro exhorta a la Iglesia en estos términos: «*...Pablo VI, al pedir perdón a los cristianos de confesión evangélica, allanó el camino para expiar y saldar culpas históricas. Pío VII abolió los decretos de Clemente XIV y restableció la orden de los jesuitas. Por razones similares Juan Pablo II podría anular el fallo injusto —que es reconocido como tal— de Clemente V y retirar la prohibición de refundar la Orden del Temple. Fiat justitia fiat pax...*»[1]

Como se sabe, la cuestión de los templarios permanece indefinida y no fue incluida —como algunos esperaban— en los pedidos de perdón acontecidos en oportunidad del año jubilar. Recientemente, la presión de algunos grupos templarios ha recrudecido. La diócesis de la capital italiana se vio obligada a vetar a las iglesias y capillas locales las celebraciones de

---

1 Beck, *ob.cit.* p. 150.

órdenes que El Vaticano se ha negado a reconocer, entre ellas la de los Templarios. La decisión fue comunicada a los párrocos y rectores de iglesias y capillas por el secretario general del vicariato de Roma, monseñor Maurizio Parmegiani, en una carta fechada el pasado 6 de junio de 2005 y conocida recién el 16.

En el texto de la misiva, el secretario general decía que *«Por encargo del cardenal vicario Camillo Ruini informo que, como ya ha precisado l'Osservatore Romano, la Santa Sede reconoce y tutela sólo la Soberana Militar Orden de Malta y la Orden Ecuestre del Santo Sepulcro de Jerusalén»*, por tal motivo, llamaba a rechazar *«las solicitudes de uso presentadas por órdenes no reconocidas, en modo particular aquellas concernientes a celebraciones eucarísticas finalizadas a las llamadas investiduras de nuevos caballeros»*.[2]

La petición se había realizado a través del Gran Maestro, Francesco Dario Labate, que citó un documento de 1308 que testificaría la absolución de

*Sobre Clemente V pesa la ignominia de haber condenado injustamente a la Orden del Temple. Siempre se lo consideró como un mero instrumento en manos del rey de Francia, a quien le debía su elección. Pero la destrucción de los templarios no obedeció a causas religiosas. Su origen habría que buscarlo en la puja por el poder entre el rey de Francia y los feudales a quienes la fuerza militar y económica del Temple era funcional. De tal suerte que se puede decir que la destrucción de la Orden fue legitimada por razones de Estado. (El Papa Clemente V, obra de Andrea Buonaiuti, 1365).*

[2] http://www.esmas.com/noticierostelevisa/internacionales/453316.htp

parte del entonces Papa Clemente V y, por lo tanto, el reconocimiento de la Iglesia católica a la Orden de los Templarios. Un documento que Roma, por el momento no reconoce.

También en fecha reciente una investigadora francesa afirmó haber descubierto una importante documentación en los Archivos Vaticanos por la que se probaría que Clemente V declaró la inocencia de la Orden antes de morir, dejando a salvo la dignidad de los condenados. Esta revelación menguaría la responsabilidad de la Iglesia Católica en el perverso proceso que ahogó al Temple en la ruina y la ignominia. Desde siempre se consideró a Clemente V como un instrumento en manos del rey de Francia, a quien le debía su elección como papa y al que parece haber permanecido subordinado durante su triste papado. Destino común de los pontífices de Avignon, atados a la política de Francia.

Desde esa perspectiva, la mayor responsabilidad recae en la codicia de Felipe el Hermoso que sólo pensaba en apoderarse del tesoro templario. Pero no todos piensan así. El autor francés Paul Naudon, a cuya erudición hemos recurrido frecuentemente, tiene una teoría muy interesante. Dicho en pocas palabras él cree que la destrucción de los templarios no tiene causas religiosas ni se debe a la ambición personal de Felipe. Su origen habría que buscarlo en la puja por el poder entre el rey de Francia y los feudales a quienes la fuerza militar y económica del Temple era funcional. De tal suerte que *«...se puede decir que la destrucción de la Orden fue legitimada por razones de Estado»*[3]

Las causas de la ruina del Temple, antes que a las acusaciones de herejía —en las que nadie, empezando por el propio papa, creyó desde un principio— pertenecen al campo de la política y se inscriben en el proceso de afianzamiento de la monarquía sobre los feudales que terminó de conformar los estados nacionales de Europa Occidental. No obstante ello, merece una especial mirada la relación particular que los templarios

[3] Naudon, Paul, «Les origines religieuses et corporatives de la Franc-Maçonnerie». (París, Devry Livres, 1979) p. 93.

cultivaron con el Islam y que les valiera más de un disgusto a la hora de enfrentar el juicio.

Que sabios y caballeros occidentales mantuvieran vínculos intelectuales o profesionales con el mundo islámico no era un asunto mal visto en la Edad Media. Las dilatadas fronteras que el Islam mantenía con las naciones cristianas eran lo suficientemente permeables a estos vínculos que se encuentran suficientemente acreditados. Si Francisco de Asís, tal como hemos descrito, pudo establecer un diálogo civilizado y hasta «filosófico» con Al Khamil, muchos otros pudieron haber ingresado en la vía de la comunicación serena y reflexiva en los intervalos que permitía la guerra y aun en medio de ella.

Ricardo Corazón de León —otro prototipo de «*cruzado*»— supo establecer un estrecho vínculo con el sultán Saladino, como consecuencia del cual se decidió una larga tregua. Se sabe que Raimundo Lulio, considerado uno de los padres de la Orden de Caballería, frecuentó círculos esotéricos islámicos, en particular sufíes, de los que recibió influencia, sin que por ello fuese acusado de connivencia con el Islam. La intención de Lullio, al igual que la de los templarios, consistió en acercar dos mundos que ya entonces presentaban conceptos universales excluyentes.

Desde el punto de vista de la historia de la religión y de la tolerancia religiosa ciertamente es admirable la visión de Lulio, según la cual era de la mayor importancia aprovechar la concentración de las tradiciones cristiana, islámica y judía en España, con el objeto de identificar un terreno común *«...que si bien tenía por fin no la tolerancia sino la conversión, por su esfuerzo de comprensión fue muy superior a los métodos que se emplearían más tarde en España para lograr la unidad religiosa...»* [4]

Esta misma idea tuvo correlatos en el templarismo masónico del siglo XVIII. Ya hemos hecho referencia a trabajos masónicos tendentes a demostrar que la francmasonería podría constituir un nivel de

[4] Yates, Frances A, «*La filosofía...*» p. 31.

entendimiento entre las religiones del Libro. Gerard de Nerval sugería que, entre los cruzados, fueron los templarios los que asumieron la tarea de llevar adelante una alianza amplia entre cristianos y musulmanes. *«...Este nombre de milicianos de Cristo y del Templo de Salomón, que tomaron después de crearse la Orden de los Templarios, no sólo evocaba en los cristianos su objetivo, sino que les recordaba el Santo Sepulcro; a los judíos y musulmanes el Templo de Salomón, reproducido en el anillo del Gran Maestre. Este Santuario Sagrado, hablaba, a la vez, a los hijos de Sem, Cam y Jafet...»*[5] Aparece nuevamente aquí la idea de una masonería noaquita capaz de retornar al tronco común de las tres religiones.

Este entendimiento entre templarios y musulmanes es profusamente comentado en los rituales masónicos. En la introducción al Grado 30° —Caballero Kadosh— del Rito Escocés Antiguo y Aceptado, se describe que los templaros de Palestina concluyeron tratados, en diversas oportunidades, con el Viejo de la Montaña, líder de la Orden Ismaelita de los Assasin; que algunos templarios residieron temporalmente en su corte, mientras que algunos ismaelitas fueron prisioneros y huéspedes en las fortalezas de los templarios; se hace mención al conocimiento del idioma árabe que muchos caballeros dominaban y se señala que muchos sarracenos servían en la Orden. De ello se desprende, según este ritual, que *«...dadas las costumbres caballerescas de la época, de todos estos contactos debían surgir, en tiempos de paz o simplemente de tregua, relaciones de cortesía y hasta de estimación recíproca que predisponían a la penetración de la doctrina...»*

¿Cuál fue el alcance de esta influencia?

En primer lugar se ha querido ver que, como consecuencia de las prolongadas relaciones con las sectas ismaelitas y las corporaciones de constructores árabes, los templarios asimilaron formas, signos y costumbres relativas a las prácticas del oficio propio de los masones. Es probable, puesto que de la misma manera que los cluniacenses regresaron de las cruzadas con el «*arco apuntado*» de los masones armenios y lo difundieron

---

[5] La Puerta, *ob. cit.* p. 92.

*Los templarios pudieron haber copiado los modelos de fortificación de los castillos árabes, cuya tradición arquitectónica se remontaba a la antigua Asiria. Según Guillermo de Tiro los assasín del* «Viejo de la Montaña» *poseían diez de estos colosales castillos en la provincia de Tiro. (Miniatura persa del siglo XVIII que representa a una antigua corporación islámica de constructores).*

en Europa, utilizándolo en su propia abadía madre, los templarios debieron copiar los modelos de fortificación de los castillos árabes, cuya tradición arquitectónica se remontaba a la antigua Asiria. Según Guillermo de Tiro los assasín poseían diez de estos colosos castillos en la provincia de Tiro.

Ya hemos visto que las corporaciones de las ciudades fenicias se remontaban a épocas muy antiguas y que habían participado activamente en la construcción del Templo de Salomón. Tanto los cluniacenses con sus masones, como los templarios con sus constructores, poseían una tradición propia respecto del Templo, pero resulta claro que deben haber desarrollado un profundo interés por la actividad y tradición de sus colegas de Oriente.

Las construcciones templarias nunca alcanzaron la complejidad arquitectónica ni la magnitud del simbolismo presente en las catedrales. Los templarios no construyeron catedrales sino sus propias iglesias, en su mayoría muy sencillas, fortificadas con una torre de defensa adosada. Es un error común atribuir a los templarios la construcción de grandes catedrales; pero se ha insistido —y es muy probable— en la posibilidad de que el Temple asimilara mucho del simbolismo sufí presente en la tariqas musulmanas.

Al igual que sucedió con los cluniacenses, la expansión de las preceptorías y encomiendas templarias en Europa demandó una importante cantidad de mano de obra que obligó a la Orden a disponer de numerosos laicos que trabajaran en la construcción. Se trataba principalmente de albañiles y carpinteros que estaban organizados a modo de las logias abaciales, bajo la dirección de un «*magíster carpentarius*» que hacía las veces de arquitecto. Estos obreros se movían entre las distintas bases templarias y su movilidad pudo haber sido la vía de penetración de la influencia oriental entre los artesanos constructores.

No olvidemos que las leyendas masónicas surgidas en la Edad Media desarrollaron modelos provenientes de la antigua tradición judía. Según el relato de Gerard de Nerval, los turcos conocían la leyenda de Hiram

Abí y solían relatarla en los cafés de Estambul. Existen algunos relatos orales que dan cuenta que esta misma leyenda fue narrada en una logia operativa de Venecia por parte de derviches provenientes de Medio Oriente.

El sincretismo hermético, los elementos propios de la gnosis medio oriental y la convergencia de diferentes estilos arquitectónicos pudo ser la consecuencia de esta impronta árabe, también asimilada por los bizantinos, los armenios y los propios latinos.

*El sincretismo hermético, los elementos propios de la gnosis medio oriental y la convergencia de diferentes estilos arquitectónicos pudo ser la consecuencia de una confluencia de los árabes, los bizantinos, los armenios y los propios latinos. Estas influencias se encuentran en la Orden del Temple y también en la Francmasonería. (Manuscrito bizantino del siglo XII. Se observa el trabajo de una logia de constructores griegos).*

La segunda cuestión en torno a la influencia musulmana tiene que ver con la organización de la estructura templaria. Naudón ha sugerido que las doctrinas de los ismaelitas y los assasin impregnaron fuertemente el ceremonial de los templarios. En su opinión, estos habrían tomado del ismaelismo el modelo jerárquico de su organización, su severa disciplina y la verticalidad de su jerarquía. Llega a señalar que la vestimenta blanca era típica de los assasin —que utilizaban botas rojas— tal vez olvidando que también era blanca la de San Bernardo, creador de la Regla Templaria e impulsor fundamental del Temple. Es cierto que en el mundo islámico existían grupos guerreros comparables con el ideal de los templarios; Andreas Beck menciona por ejemplo a los guerreros ghasi. Pero desde sus comienzos las órdenes militares cristianas parecen haber desarrollado una tradición propia y original, antes que una mera imitación de modelos árabes.

En el largo interregno que separa la brutal caída de la Orden y la reaparición propiciada por la francmasonería del siglo XVIII, la imagen del Temple permaneció vigente. La supervivencia del prestigio templario y la imagen del caballero rodeado de misterio, siempre dispuesto a la batalla y a la muerte, hicieron posible la perdurabilidad de un mito que ya era tal antes de los luctuosos acontecimientos de 1307. El modelo perfecto del templario guerrero, religioso e iniciado estaba construido y sólo restaba esperar que el tiempo le agregara todo el imaginario colectivo y lo erigiera en el eje de la fábula de un mundo surgido de un solo mito primitivo, arcaico y universal.

La francmasonería del siglo XVIII —que remontaba sus tradiciones a los tiempos adámicos, que acumulaba el sincretismo hermético del Renacimiento y que había revalidado su carácter de *«Escuela de Misterios»* con la llegada de los rosacruces— encarnó esa pretensión de continuidad que le otorgaba al fenómeno humano una historia trascendente, una misión de orden cósmico y un destino escatológico en el que sus principios reinarían para siempre.

No puede hablarse de una continuidad; pero sí de la permanencia de ciertas tradiciones comunes. Los templarios eran guerreros; pero también eran monjes. Su vínculo con la regla benedictina no está en discusión. Suprimida su condición militar luego del último servicio prestado a Robert Bruce ¿qué más lógico suponer que se retiraran a las abadías benedictinas del norte de Escocia? Durante más de dos siglos habían compartido las mismas rutas y custodiado la marcha de miles de masones —religiosos y laicos— que se desplazaban desde Jerusalén a Finisterre, desde el centro mismo del cristianismo hasta el confín de la tierra. Cluniacenses, masones y templarios nutrían entonces las arterias de la cristiandad.

¿Qué llevó a los hombres del siglo XVIII a reivindicar la tradición templaria arraigada en la francmasonería escocesa? Esta es una pregunta que no debería quedar sin una adecuada respuesta.

Recientemente, en su libro sobre los Templarios, Piers Paul Read se hace eco del sarcasmo desplegado por Peter Partner sobre el rescate del templarismo propiciado por la francmasonería. Para este autor resulta sorprendente que en plena Ilustración, una asociación como la masonería, que se jactaba de venir a erradicar del mundo la superstición, resucitara una estructura obsoleta del catolicismo medieval para colocarla en el eje de su intelectualidad. Se asombra Partner de que los masones emprendiesen la trasformación de los templarios *«...de su ostensible estatus de monjes-soldados iletrados y fanáticos al de profetas caballerescos ilustrados y sabios, que habían utilizado su estancia en Tierra Santa para recuperar los secretos más profundos de Oriente y emanciparse de la credulidad católica medieval...»*[6]

Ante esto último vale reafirmar que la francmasonería que impulsó el renacimiento templario era cristiana; profundamente católica. No venía al mundo a emanciparlo de la credulidad católica sino que —muy por el contrario— se proponía restablecer la credibilidad de un proyecto católico para Europa. La que pretendió barrer con la «*credulidad católica*» fue la francmasonería post revolucionaria, tal como lo hemos dicho. En cambio la escocesa, la que creció en el continente a la vera de los monasterios

[6] Partner, Peter; «*The Murderer Magicians*» citado por Read, Piers P. en «*Los Templarios*» (Vergara, Buenos Aires, 2000) p. 35.

benedictinos, perseguía un ideal de restauración, un retorno a los ideales cristianos de la caballería, la piedad y el valor del heroísmo del que Europa se alejaba con la velocidad del rayo.

Descalificar la Ilustración porque en su seno subyaciese la espiritualidad cristiana no desacredita su condición de impulsora del pensamiento científico. El movimiento rosacruz se constituyó en el principal impulsor de la Real Sociedad de Ciencias en Londres, y ya vimos qué clase de espiritualidad era capaz de abrazar su más distinguida dirigencia, comenzando por el propio Isaac Newton. En esa época era aun posible el ideal de un mundo en donde el progreso no invalidara la espiritualidad ni menguara la condición divina del alma humana. Luego sobrevino la dictadura de la razón y ya no hubo espacio para una reliquia medieval como la Orden del Temple.

Nuestro relato ha concluido allí porque luego comenzó otra historia. La francmasonería se lanzó contra todos los vestigios del antiguo régimen, y prometió una nueva moral liberada, esta vez sí, del yugo de la fe. La promesa continúa incumplida, muchos años después.

En la década de 1930, cuando arreciaba aún el debate entre los masones anticlericales y la Iglesia, el jesuita Berteloot le recordó esa deuda al Hermano Albert Latoine, miembro del Supremo Consejo del Grado 33 del Rito Escocés Antiguo y Aceptado de Francia preguntándole *«...¿No es ella [la francmasonería] la que sobre todo ha querido reemplazar a la vieja moral cristiana, la cual había sin embargo ya efectuado su prueba, por una pretendida moral laica, siempre prometida, y que, hasta el presente... había permanecido inencontrable?..»*

Esta pregunta no hubiese tenido razón de ser frente a Ramsay, Kilmarnock, Dewentwater, Balmerino o von Hund. Todos ellos tenían un concepto claro de moral que ofrecer al mundo. Este andamiaje ético aparece claramente en Louis Francoise De La Tierce, traductor al francés del «*Las Constituciones de Anderson*» en cuya primera edición de 1745 antepone a las «*Obligaciones de un francmasón*» el discurso de Ramsay, dando así un giro de interpretación de la masonería, con una ideología bien definida.

*Dibujo de la famosa obra difamatoria antimasónica de Leo Taxil. Se observa a un grupo de Caballeros Templarios que obligan a un neófito a pisotear a Cristo. Este tipo de literatura circuló profusamente en el siglo XIX hasta que el propio Taxil, ante un auditorio atónito reconoció el fraude de sus propios escritos.*

De La Tierce —al que ya habíamos visto en la embajada de Belle-Isle en Francfort en 1741, con las logias escocesas— aparece como un visionario de la masonería «*sincrética*» que constituye —como lo señala Francois Labée- «*el vector ético, abierta a las Luces de la Razón y a una religión cristiana liberada de las escorias de los dogmas; lo cual permitiría reunir a los hombres en el supremo bien de la paz, fundamento del progreso y la armonía... Hay en este ideal algo así como el redescubrimiento de un «imperio transnacional» que sobrepasa los cismas religiosos y las empresas políticas y que sirva, sin embargo, como estructura moral a los estados seculares imbuidos por el ideal masónico de paz, de fraternidad, de tolerancia, de virtud y de progreso...*»[7]

La reivindicación de la tradición templaria constituía la herramienta más idónea para la conformación de ese «*imperio transnacional*» masónico imaginado y asumido como propio por la nobleza ilustrada. Su fracaso parece consecuencia de dos factores principales: El primero, la derrota militar de los escoceses en la batalla de Culloden; el segundo, la temprana condena de la Iglesia Católica sobre la francmasonería.

Sobre el primero sólo agregaremos que aniquilado el alto mando jacobita y con él los ideólogos de la restauración templaria —luego del último intento militar llevado a cabo por el «Pretendiente» Carlos Eduardo— la masonería de los «*elegidos*» quedó mortalmente herida. Algunos jefes sobrevivientes conservaron la esperanza de restablecer el orden en las filas capitulares y hasta apoyaron la creación de nuevos capítulos en el continente entre los que se destacarían los de Toulouse, Nantes y Arras. Avanzaron aún más y autorizaron la federación de las logias preexistentes, tal como llegó a ocurrir en Marsella y en Avignón.

Pero en 1748, inexplicablemente, Roma cedió a las presiones de Inglaterra y expulsó a Carlos Eduardo de su exilio de Avignón, del mismo modo que antes había sido expulsado de Saint Germain-en-Laye por los franceses. Difícil poder imaginar el sentimiento de traición que habrán

7 Labée, Fracoise; «*Progreso, virtud y armonía social en L-F De La Tierce*» en «Chroniques d'Hitoire Maconniques» N° 48 (IDERM, París, 1997) pp. 3-9.

sufrido los masones jacobitas en esta actitud del papa. Difícil también no establecer un paralelo con el abandono de los templarios en aras de una política de supervivencia, de la que —en no pocas ocasiones— hizo gala la Iglesia Católica. A partir de allí la declinación del control escocés sobre la masonería capitular fue inversamente proporcional al crecimiento de ritos paralelos que sumieron a la Orden en el característico paisaje caótico de la segunda mitad del siglo XVIII.

Por despecho, o por cansancio, Carlos Eduardo Estuardo, último heredero legítimo de la dinastía murió en Roma en 1788, convertido al anglicanismo y soñando con su fallido intento de establecer en Escocia un reino templario.

*Actual Escudo de Armas Templario de las obediencias masónicas británicas.*

Von Hund fue el último heredero de esa tradición, pero al quedar tempranamente huérfano, construyó su propio sistema agregando mucho de lo que había aprendido en torno a las tradiciones herméticas que pululaban en Europa. Así lo señala André Kervella cuando dice que *«...el zócalo en el que fundamenta su sistema es auténtico, puesto que había sido iniciado por los escoceses que el cita; pero sobre eso agrega elementos tomados de sus propias lecturas y conocimientos, sin duda raros para el resto, por lo cual el pobre termina sospechado de fantasía y charlatanismo...»* [8]

Para muchos historiadores esta apropiación masónica del Temple sigue siendo un asunto difícil de digerir. Creen, como Partner, que los masones del siglo XVIII descubrieron a los templarios para convertirlos en una fantasía alocada, y que tal fue el éxito que *«hasta el día del hoy es imposible acercarse a los templarios sin encontrar los restos, o incluso las togas enteras y chillonas, del prejuicio del siglo XVIII...»*[9].

Creemos haber colocado el tema en su justo sitio, sin embargo en algo acierta Partner. Uno de los obstáculos que ha retrasado la inserción de la historia de la francmasonería dentro del marco de la historia general, es la agotadora —e inagotable— sucesión de ocultismos que la han impregnado y que, con justa razón, espantan al investigador que se encuentra inerme frente a los miles de textos que han usufructuado la ingenuidad de algunos y la estupidez de muchos.

Cuando la vinculación de Temple y Masonería se reduce al campo esotérico, sin atender las razones de orden religioso, político y militar expuestas a lo largo de nuestro ensayo, no queda más que relegar la cuestión al reducido campo de las ciencias ocultas, eternamente disociadas de cualquier análisis histórico. Esta misma dificultad ha sido señalada por Francis Yates en su obra sobre el «iluminismo rosacruz», en donde se ve con claridad cómo mientras los manifiestos rosacruces alemanes del siglo XVII merecen

8 Kervella, *ob. cit.* p. 272.

9 Reads, Piers Paul; «*Los Templarios*» (Barcelona, Vergara, 2000) p. 350.

la máxima consideración histórica y hasta «filosófica», la literatura rosacruz posterior asfixia al lector en una maraña de teosofías, ocultismos y sectas imposible de asir sin estar dispuesto a renunciar a priori a cualquier análisis racional.

Del mismo modo se pervirtió con el tiempo la cuestión de los «*superiores ignorados*» que, como hemos visto, respondía al mero ocultamiento de los dirigentes máximos del movimiento templario-estuardista. Posteriormente, varias organizaciones de perfil ocultista utilizaron esta terminología para referirse a supuestos «*maestros*» espirituales de existencia sobrenatural.

# Epílogo

En el siglo XIX la francmasonería desarrolló dos tradiciones templarias paralelas y diferentes.

En Inglaterra, se formó «*The United Orders Religious-Military and Masonic of the Temple and Saint John of Jerusalen, Palestine, Rhodes and Malta*» al tiempo que, como una evolución superior de la «*Orden del Santo Real Arco del Templo de Jerusalén*», nació la «*Holy Royal Arch Knights Templar Priests*» que se confiere a quienes han recibido previamente los grados de Maestro Masón, Compañero Real Arco y Caballero Templario. Estas obediencias masónicas son explícitamente cristianas y no han desarrollado tradiciones hostiles a las iglesias.

En Francia, en cambió, la tradición templaria se abroqueló en torno al Rito Escocés Antiguo y Aceptado y tomó posiciones abiertamente anticatólicas que aun persisten reflejadas en sus rituales. El grado de «*Caballero Kadosh*» posee una naturaleza vindicativa contra las figuras de Clemente V y Felipe de Francia.

Acorde con el nacimiento de las logias políticas que signaron las revoluciones latinoamericanas y los ideales de la Revolución Francesa, los Caballeros Kadosh encarnaron la defensa del librepensamiento por sobre las ideas religiosas y asumieron la actitud anticatólica que dio nacimiento a una segunda etapa de crisis con la Iglesia Católica.

Las condenas se renovaron y sucedieron sin pausa. Pero las razones ya no eran las mismas que en el siglo XVIII. En su ensayo «*La Iglesia Católica y la masonería: visión histórica*», Ferrer Benimeli diferencia claramente la crisis del siglo XVIII y la del XIX. En el siglo XVIII, las condenas de Clemente XII (1738) y Benedicto XIV (1751) —a las que podemos agregar el ya mencionado decreto del cardenal Firrao de 1739— justificaban la prohibición e ilegalidad de la francmasonería en su condición de sociedad secreta, en sus juramentos y en la sospecha de sedición y alteración de la «*tranquilidad pública*». Esta condena no fue exclusiva de la Iglesia Católica sino que se aplicó por parte de numerosos estados seculares, tanto católicos como protestantes y hasta islámicos, pues fue prohibida hasta por el sultán de Constantinopla.

Sin dejar de considerar estas causas de orden político, en el caso de la condena de la Corte de Roma cabría agregar la delicada situación planteada en Toscana, la creciente actividad masónica del clero regular y, fundamentalmente, el renacimiento de una caballería templaria que estaba lejos de ser un ejercicio lúdico de nobles, pues amenazaba con convertirse en una fuerza política de peso, en ese «*imperio transnacional*», cuya espiritualidad cristiana se encontraba lejos de la ortodoxia romana.

En el siglo XIX, extinguida la masonería católica estuardista, desarticulada la francmasonería templaria, el conflicto se centró en la identificación de la francmasonería con el liberalismo, pero principalmente porque, en la visión de Roma, la masonería y demás sociedades secretas «*maquinan contra la Iglesia y los poderes civiles legítimamente constituídos, los dos poderes que el Papa, en aquel entonces, representaba en Roma, en cuanto Jefe de la Iglesia y en cuanto a Rey en lucha armada contra los que pretendían la unificación Italiana*».[1] Estos conceptos fueron la base sobre la que se redactó el famoso canon 2335 en

---

1 Ferrer Benimeli, José Antonio; «*Masonería y religión: convergencias, oposición, ¿incompatibilidad?*» (Madrid, Editorial Complutense, 1996), «*La Iglesia Católica y la masonería: visión histórica*» pp. 187-201.

el que se incluye a la masonería entre las sectas que atentan contra la Iglesia y los poderes legalmente establecidos.

En el siglo XX este triste enfrentamiento pareció, por momentos, encaminarse hacia un entendimiento o «*armisticio*» entre ambas instituciones. El primer gran debate se suscitó en 1937. Por entonces, Albert Lantoine, miembro del Supremo Consejo del Grado 33 del Rito Escocés Antiguo y Aceptado de Francia —luego de mantener durante años un diálogo profundo con su amigo jesuita, el R. P. Joseph Berteloot— publicó su famosa «*Carta al Soberano Pontífice*» en la que proponía «*una tregua de Dios*», el fin de una larga era de guerra y disentimiento, puesto que «*la Masonería y la Iglesia tenían un patrimonio común que salvar…*»

La Iglesia no acusó recibo de la carta de Lantoine, pero llamó la atención de muchos católicos y masones, sirviendo como testimonio de los esfuerzos realizados por hombres de ambos campos que buscaban superar el conflicto conservando, cada parte, su respectiva identidad.

El Concilio Vaticano II marcó un punto de inflexión en la cuestión, puesto que después de largos debates se estableció que la masonería no estaba comprendida entre las sectas que «*maquinan contra la Iglesia*». Es recordada la intervención de monseñor Méndez de Arceo, obispo de Cuernavaca (México), cuando al referirse a los masones dijo: «*Hay los que esperan que la Iglesia hable*». Sin embargo, con posterioridad, en una controvertida actitud, el entonces cardenal Joseph Ratzinger, Prefecto de la Congregación para la Doctrina de la Fe, ratificó la pena de excomunión para los católicos masones, quienes se encuentran en estado de «*pecado grave*».

Sobre las consecuencias de esta declaración creemos oportuno citar nuevamente a Ferrer Benimeli cuando expresa que «*sólo han servido para crear el desconcierto entre los masones católicos y el júbilo entre los masones anticlericales, agnósticos y librepensadores que han vuelto a encontrar el estandarte anticlerical como cohesión y justificación de una realidad que sin él empezaba a carecer de sentido en los albores del siglo XXI.*»[2]

---

2 *Ibidem.*

En 1737, Europa se desangraba en medio de guerras religiosas que consumían a la cristiandad, dividida y atomizada en iglesias universales, ortodoxas, reformadas, episcopales y nacionales. La francmasonería se pensó a si misma como la heredera de una tradición común en cuyo seno todos los hombres tenían lugar y podían ser respetados, reunidos en torno a «*una religión cristiana en la que todo hombre conviene*».

Ramsay creía que «*La Francmasonería es, realmente, la resurrección de la religión noaquita, aquella del patriarca Noé, la religión anterior a todo dogma que nos permite superar las diferencias y oposiciones de los distintos credos.*» Esa francmasonería asumió la misión de restablecer la Orden del Temple, a la que imaginó como una élite capaz de reconducir a la cristiandad hacia un ideal de fraternidad, tolerancia y respeto; hacia una era signada por el progreso, preanunciado por el nacimiento de la ciencia.

No era un sueño exento de fe, sino todo lo contrario. La francmasonería del siglo XVIII buscaba la unidad en la fe, aunque para encontrarla hubiese que retroceder hasta los días de Noe. Gran parte de los masones del siglo XXI desconoce esta tradición, que ha sido minuciosamente sacrificada por sus hermanos del siglo XIX en el altar de la diosa razón. La francmasonería del Rito Escocés Antiguo y Aceptado se proclama racionalista: «*No reconoce otra herramienta superior a la razón para la búsqueda de la verdad*», pero tiene que lidiar con treinta grados plenos de Cábala hebrea, hermetismo, alquimia, rosacrucianismo y templarismo. La francmasonería inglesa, en cambio, fiel a sí misma logró ser reconocida como la Gran Logia Madre por todas las potencias masónicas regulares del orbe. Sus órdenes «aliadas», dedicadas en su mayoría a cuestiones espirituales, esotéricas y filantrópicas no le generan contradicción alguna.

La antigua masonería aun existe. Ha permanecido fiel a sus ancestros y viste los hábitos templarios. Jura sobre la Roca de Porfirio y se reserva un espacio para la tradición. Reivindica para sí el «*Arte Real*», pero jamás combatiría al «*Arte Sacerdotal*» pues comprende —como ha afirmado Raimón Panikkar— «*que un estado secular no puede satisfacer más que a aquellos para los que la secularidad política se convierte en la nueva religión...*».

# Bibliografía

## Bibliografía de los capítulos I y II

**Akel, Suhail Hani Daher**; «*Jerusalén, mil veces muerta y resucitada*»; (Buenos Aires, Edición del autor, 2000).

**Beck, Andreas**; «*El Fin de los Templarios*»; (Barcelona, Peninsula 1996).

**Callaey, Eduardo R.**; «*Figuras contemporáneas de la Masonería*»; Revista Todo es Historia, Nº 405, (Buenos Aires, Abril 2001)

**Hitti, Philip**; «*History of the Arabs*», (New York, St. Martin's Press, 1970).

**Johnson, Paul**; «*National Review*», http://www.nationalreview.com/15oct01/johnson101501.shtml

**Maalouf, Amin**; «*Les croisades vues par les Arabes*»

**Mourgues, Jean**; «*El Pensamiento Masónico*»; (Madrid, Kompás Ediciones, 1997).

**Robinson; John**; «*Mazmorra, hoguera y espada*» (Barcelona, Editorial Planeta S.A., 1994).

**Robinson; John**; «*Nacidos en Sangre*»; (México, Diana 1997)

**Runciman, Steven**; «*Historia de las Cruzadas*», (Madrid, Revista de Occidente, 1957).

**Smith, Huston**; «*Las Religiones del mundo*» (España, Thassàlia, 1995).

**Umar Ibrahim Vadillo**; http://www.islammexico.org.mx/Textos

## Bibliografía del capítulo III

«*Manuscrito Cooke*» Versión de Herbert Poole; Vol. 19 de los Cuadernos Simbólicos de la Gran Logia de Chile.

## Fuentes benedictinas del Manuscrito Masónico Cooke

Un análisis de las fuentes a las que hace referencia el «*M. Cooke*» establece claramente su filiación benedictina. En su mayoría estos monjes han escrito obras vinculadas a la tradición del Templo de Jerusalén y las prácticas de la albañilería.

1. Ranulf Higden (circa 1299–1363), autor del «*Polychronicon*»(circa 1350), una de las crónicas históricas más importantes de su época. Monje benedictino del monasterio de Saint Werburg, en Chester; Se cree que este libro fue escrito en dos partes, la primera hacia 1326, la segunda hacia 1350. En 1387, fue traducido por Juan de Trevisa, capellán de Lord Berkeley e impreso por Caxton en 1482.
2. Honorio de Autum (Honorius Augustodunensis, circa 1095-1135) autor de «*Imago Mundi*» (llamado también «*De Imagine Mundi*»). Monje benedictino, autor, por otra parte, de «*De gemma animae*», una obra en la que desarrolla una teoría que causaría gran repercusión en su época, en la que consideraba a la arquitectura como la continua manifestación de los planes de Dios, concepto que otorgaba un carácter muy especial al Templo y al artesano (masón) que lo construía.
3. Petrus Comestor (m. 1178 en París), autor de «*Historia Scholastica*» (fuente mencionada en el «*M Cooke*» como «*Master of Histories*»). Canónigo adjunto de la Iglesia de Notre-Dame de Troyes. Durante algunos años tuvo a su cargo la Escuela Teológica de Notre-Dame de París. Su «*Historia Scholastica*» era uno de los manuales más difundidos en el ámbito monástico, utilizado por monjes, estudiantes y teólogos de su tiempo.
4. Beda (circa 673-735), historiador benedictino inglés. Si bien su obra más renombrada es «*Historia ecclesiastica gentis anglorum*» –escrita en 731, cuando ya era un anciano- surge de lo expuesto la importancia de «*De Templo Salomonis Liber*», cuyo contenido ha sido mencionado en el texto.
5. Las fuentes se completan con Isidoro de Sevilla (540-636) -en especial con su obra «*Etymologiae*», un compendio de todo el conocimiento anterior al siglo VII- y con Methodius (825-885), arzobispo de Syrmia, conocido como uno de los «apóstoles de los eslavos» y autor de «*Revelaciones*».

## Fuentes benedictinas y cluniacenses vinculadas a la alegoría del Templo de Salomón, a la tradición antigua de los albañiles cluniacenses y la arquitectura cristiana sagrada

**Beda**; «*Historia Ecclesiastica gentis Anglorum*», Bibliotheca Augustana, «*Beda der Ehrwürdige, Kirchengeschichte des englischen Volkes*», lateinisch und deutsch herausgegeben von Günter Spitzbart, Darmstadt 1997.

**Beda**; «*Vita quinque sanctorum abbatum*» (Sobre la construcción de los monasterios de Northumbria)

«*Venerabilis Bedae Opera Historica*» (Carolus Plummer. Oxonii, 1896).

**Heymone monaco Hirsaugiensi**; «*Vita Beati Wilhelmi*», (Sobre la construcción de los monasterios bajo la jurisdicción de la abadía de Hirschau, con regla cluniacense)

J. P. Migne P.L. VOL. CL; París, Brepols – Turnhout, 1854.

**Honorius Augustodunensis**, «*De gemma animae*», Lib. I (Sobre el simbolismo de los Templos)en «Arte medieval» Gustavo Gili, (2ª Ed. Barcelona 1982) Págs. 23-29.

**Honorius Augustodunensis** «*Imago Mundi*» Hans Zimmermann *Weltbild des Mittelalters*. http://home.t-online.de/home/03581413454/imago.htm

**Rabano Mauro**; «*Commentaria in Libros IV Regum*» y «*Commentaria in Libros II Paralipomenon*» (Exégesis sobre los textos que describen la construcción del Templo de Salomón. J. P. Migne P.L. VOL. CIX; París, Brepols – Turnhout; 1852.

**Teófilo**; «*Diversarum artium schedula sive de diversis artibus*»; Lib. III (Manual para artesanos y constructores). Bibliotheca Augustana, www.fh-augsburg.de/~harsch/Chronologia/Lspost12/Theophilus/

**Udalricus Cluniacencis Monachus** «*Antiquiores Consuetidunes Cluniacensis Monasterii*», J. P. Migne P.L. VOL. CXLIX; París, Brepols, 1853.

**Herrgott, Marquardi** «*Vetus Disciplina Monástica*» O.S.B.; Apud Franciscum Schmitt Success.- Siegburg 1999. Edición facsímil de 1734

**Walafrid Strabon**; «*Liber Regum Tertius*» y «*Liber Paralipomenon Secundus*», J. P. Migne P.L. VOL. CXIII; París, Brepols, 1852.

**Wilhelm de Hirschau**; «*Sancti Willhelmi Constitutiones Hirsaugienses seu Gengebacenses*». J. P. Migne P.L. VOL. CL; París, Brepols – Turnhout; 1854.

**NOTA: Un completo desarrollo de la tradición masónica benedictina ha sido expuesto en:**

**Callaey, Eduardo R** «*Ordo Laicorum ab Monacorum Ordine*». ; (Buenos Aires, Academia de Estudios Masónicos, 2004)

## Bibliografía de los capítulos IV y V

Relativa a Godofredo de Bouillón, la presencia benedictina en Tierra Santa y la Primera Cruzada

**Gislebert de Mons**; «*Cronicon Hanoniense*» (Madrid, Ediciones Siruela S.A., 1987) Traducción de Blanca Garí de Aguilera, p. 9

**Gregorii VII Registrum**, Ed. Ph. Jaffé, in *Monumenta Gregoriana*, II, en: Gallego Blanco, E., «*Relaciones entre la Iglesia y el Estado en la Edad Media*», (Biblioteca de Política y Sociología de Occidente, 1973, Madrid), pp. 174-176.

«***Monumenta Germaniae Historica, Constitutiones et Acta, I***», en: Calmette, J., «*Textes et Documents d'Histoire, 2, Moyen Age*», (P.U.F., 1953 Paris), pp. 120 y s. Trad. del francés por José Marín R.

**Guillermo de Tiro**, *Histoire des Croisades*, I, Éd. Guizot, 1824, Paris

**Jacques de Vitro**, «*Historia de las Cruzadas*», Buenos Aires, Eudeba, 1991

**Roy, E.** «*Les poèmes français relatifs à la première croisade*», en *Romania*, 1929

**Khitrowo, Mme. B. De**; «Itinéraires Russes en Orient» (Réimpressión de l'édition 1889; Osnabrück, Otto Séller, 1966

«***New Schaff-Herzog Encyclopedia of Religious Knowledge***» (Sobre Wilhelm de Hirschau y la «*Querella de las Investiduras*»)

**Gebhardt, Victor D**. «*La Tierra Santa*» (Espasa y Cía Editores, Barcelona)

**Lamb, Harold**, «*Carlomagno*» (Edhasa, Barcelona, 2002)

**Runciman, Steven** «*Historia de las Cruzadas*» (Revista de Occidente, Madrid, 1958).

**Barret, Pierre y Gurgand, Jean-Noël**; «*Si te olvidara, Jerusalén*» *La prodigiosa aventura de la Primera Cruzada*; (Ediciones Juan Granica S.A., Barcelona; 1984)

**Jacques Heers,** «*La Primera Cruzada*» Editorial Andrés Bello; Barcelona, 1997

**Zuckerman, Arthur J**. «*A Jewish Princedom in Feudal France*» (Columbia University Press, New York, 1972)

## Bibliografía del capítulo VI

**Callaey, Eduardo** «*Monjes y Canteros*» (Buenos Aires, Dunken, 2001).

**Duby, George**; «*La época de las catedrales*» (Madrid, Ediciones Cátedra, 1993).

**Johnson, Paul**; «*Cathedrals of England, Scotland and Wales*»; (Londres, Weidenfeld & Nicolson, 1993).

**Knoop, D. y Jones, G.**, «*The Medieval Mason*» (Londres, 1933).

**Marcilio de Papua** «*Defensor Pacis*» (1324) (Madrid, Editorial Tecnos, Traducción de Luis Martínez Gómez. 1989).

**Naudon, Paul**, «*Les origines religieuses et corporatives de la Franc-Maçonnerie*» (París, Devry Livres, 1979).

**Négrier, Patrick** «*Textes fondateurs de la Tradition maçonnique 1390-1760. Introduction à la pensée de la franc-maçonnerie primitive*», (París, Bernard Grasset, 1995).

**Panikkar, Raimon**; «*El espíritu de la política*» (Barcelona, Ediciones Península, 1999).

## BIBLIOGRAFÍA DEL CAPÍTULO VII

### Sobre Cábala y Filosofía Hermética en el Renacimiento:

***Sefer Yetzirah*** (Barcelona, Ediciones Obelisco, 1983).

**Pico della Mirandola, Giovanni**; «*Conclusiones mágicas y cabalísticas*» (Barcelona, Ediciones Obelisco, 1982).

**Agrippa, Henricus Cornelius**; «*La Filosofía Oculta*» (Buenos Aires, Editorial Kier, 1978).

**Ficino, Marsilio**; «*Sobre el furor divino*» (Barcelona, Anthropos, 1993).

**Scholem, Gershom**; «*El Libro del Esplendor*» (México, Universidad Autónoma Metropolitana, 1984). «*La Cábala y su simbolismo*»;(Buenos Aires, Raíces – Biblioteca de Cultura Judía, 1988).

**Sánchea Ferré, Pere**; «*Presencia de la Tradición Hebrea en la Masonería*» en «*La Puerta, Retorno a las fuentes tradicionales: Cábala*» (Barcelona, Ediciones Obelisco, 1989).

### Sobre Rosslyn:

**Wallace-Murphy, Tim & Hopkins, Marilyn**; «*Rosslyn*» (Shafstesbury, U.K., Element Books 1999).

**Baigent, M., Leigh, R. & Lincoln, H.**; «*Holy Blood, Holy Grail*» (New York, Dell Book 1983).

**Knight, Christopher & Lomas, Robert**; «*El Segundo Mesías*» (Barcelona, Planeta 1998).

**Sobre la Tradición Rosacruz**

«***Fama Fraternitatis***» y «***Confessio***» (México, Biblioteca Esotérica Nº 7, 1983).

**Yates, Frances A.**; «*La filosofía oculta en la época isabelina*» (México, Fondo de Cultura Económica, 2000).

**Yates, Frances**; «*El Iluminismo Rosacruz*» (México, Fondo de Cultura Económica 2001).

**Godwin, Joscelyn**; «*Robert Fludd, Claves para una teología del Universo*» (Madrid, Editorial Swan 1987).

**Bayard, Jean-Pierre**; «*La Meta Secreta de los Rosacruces*» (Barcelona, Ediciones Robinbook, 1991).

## BIBLIOGRAFÍA DE LOS CAPÍTULOS VIII, IX, X Y XI

**Barudio, Günter**; «*La Época del Absolutismo y la Ilustración*» (Historia Universal Siglo XXI).

**Bricaud, Joany**; «*Les Illuminés d'Avignon*» (Paris, Libr. Critique É. Nourry, 1927).

**Colinon, Maurice**; «*La Iglesia frente a la masonería*» (Buenos Aires, Editorial Huemul, 1963).

**D'Alviella Goblet**, «*Los Orígenes del Grado de Maestro en la Francmasonería*» (España, Edicomunicaciones S.A., 1991).

**Faÿ, Bernard**; «*La francmasonería y la revolución intelectual del siglo XVIII*» (Buenos Aires, Editorial Huemul, 1963).

**Kervella, André**; «*La Maconnerie Ecossaise dans la France de l'Ancien Régime; les années obscures 1720-1755*" (Ed. du Rocher, 1999).

**Labée, Francois** «*Chroniques d'Histoire Maçonnique*» Nº 48 (Paris, Iderm, 1997).

**Ledré, Charles**; «*La Masonería*» (Andorra, Editorial Casal I Vall, 1958).

**Le Forestier, R.**; «*L'Occultisme et la franc-maçonnerie écossaise*» (Paris, Librairie Académique, 1928).

**Marcos, Ludovic**; «*Historie du Rite Français au XVIIIe siècle*» (Paris, Editions Maçonniques de France, 1999).

**Mellor, Alec**; «*La desconocida francmasonería cristiana*» (Barcelona, Editorial AHR).

**Pauls, August**; «*Nacimiento, desarrollo y significado del Grado de Maestro.*» (Santiago de Chile, Cuadernos Simbólicos de la Gran Logia de Chile, Vol. I,).

**Tort-Nouguès, Henri;** «*La Idea Masónica; Ensayo sobre una filosofía de la Masonería*» (Barcelona, Ediciones Kompas 1997).

# Bibliografía al capítulo XII y Epílogo

**Read, Piers P**. en «*Los Templarios*» (Vergara, Buenos Aires, 2000).

**Ferrer Benimeli**, José Antonio; «*Masonería y religión: convergencias, oposición, ¿incompatibilidad?* (Madrid, Editorial Complutense, 1996), «*La Iglesia Católica y la masonería: visión histórica*»

**Eduardo R. Callaey** es historiador, escritor y guionista.

Como historiador ha publicado dos libros y numerosos artículos sobre historia medieval e historia de la francmasonería. Ha escrito guiones para televisión sobre temas de historia, mitología y religión. Ingresó en la francmasonería en 1989. Presidió las logias «América Nº 32 y «Unión Justa Nº 351». Entre 1999 y 2003 se desempeñó como Gran Consejero de la Gran Logia de la Argentina de Libres y Aceptados Masones. Actualmente preside la logia Lautaro Nº 167 de Buenos Aires.

Es autor de los libros «**Monjes y Canteros**» *Una aproximación a los orígenes de la francmasonería* (Buenos Aires; 2001) y **Ordo Laicorum ab Monacorum Ordine**» *Los orígenes monásticos de la francmasonería.* (Buenos Aires; 2004)

Fue guionista y productor comercial del programa documental «HOLOGRAMA» emitido por Canal á (Grupo Cablevisión) para la República Argentina y América Latina de habla hispana, que obtuvo tres nominaciones al premio Martín Fierro como «Mejor Programa Cultural» de televisión por Cable.

Ha dictado cursos y conferencias en distintos ámbitos culturales entre los que cabe destacar:

- Biblioteca de la Honorable Cámara de Diputados de la Nación, en el marco del Seminario: «*La Masonería ante la Historia*», en el que disertó «*Acerca de las Corporaciones Medievales*»; 10 de noviembre de 2000.
- Sociedad Argentina de Escritores: Ciclo de Conferencias titulado «*De Masonería y de Masones*», en el que expuso sobre «*Aproximación al origen de la francmasonería*»; 18 de junio de 2002.
- Legislatura de la Ciudad Autónoma de Buenos Aires, en las Jornadas «*Presencia masónica en el patrimonio cultural argentino*» en la que tuvo a su cargo la conferencia de apertura. 16 de septiembre de 2002
- 30ª Feria Internacional del Libro de Buenos Aires. Mesa redonda organizada por la «Fundación El Libro», donde disertó sobre «*Las sociedades iniciáticas y esotéricas en el mundo actual*» 2 de mayo de 2004.
- 31ª Feria Internacional del Libro de Buenos Aires. Mesa redonda organizada por la «Fundación El Libro», Mesa redonda sobre «*Misterios y Secretos de las Sociedades Secretas*» 5 de mayo de 2004.

En la actualidad integra la Sociedad Argentina de Escritores y la Academia de Estudios Masónicos de la cual es miembro fundador.

Es Editor Ejecutivo de la revista «*Símbolo*», órgano oficial de la Masonería Argentina.